臨床心理学20-3（通巻117号）

［特集］感情の科学——リサーチマップとアプローチガイド

新刊案内

Ψ金剛出版　〒112-0005 東京都文京区水道1-5-16　Tel. 03-3815-6661　Fax. 03-3818-6848
e-mail eigyo@kongoshuppan.co.jp　URL http://kongoshuppan.co.jp/

子どものための認知行動療法ワークブック

上手に考え，気分はスッキリ

［著］ポール・スタラード　［監訳］松丸未来　下山晴彦

2006年に刊行した『認知行動療法ワークブック』の改訂版。今回の改訂では総ルビ表記かつ子どもでも理解できるよう平易に解説を行った。CBTの概要を解説した後，ワークシートを使ってCBTを身につけていく。「自分に優しくする」「今ここ」という2項目が追加され，以前よりも詳細な記述となった。この本でCBTの考え方を自分のものにできれば，日々の生活も楽しいものに変わっていくだろう。

本体2,800円＋税

若者のための認知行動療法ワークブック

考え上手で，いい気分

［著］ポール スタラード
［監訳］松丸未来　下山晴彦　［訳］浅田仁子

中学生以上の思春期・青年期を対象としたワークブック。まずはCBTの概要から入り，「なぜ，そういった考え方が必要か？」といった理論面を解説する。後半ではワークシートを使ってCBTを身につけていく。子どもに関わるすべての方にオススメできる本である。CBTを使いこなせていけば，毎日の変化もかならず現れるはずである。

本体2,800円＋税

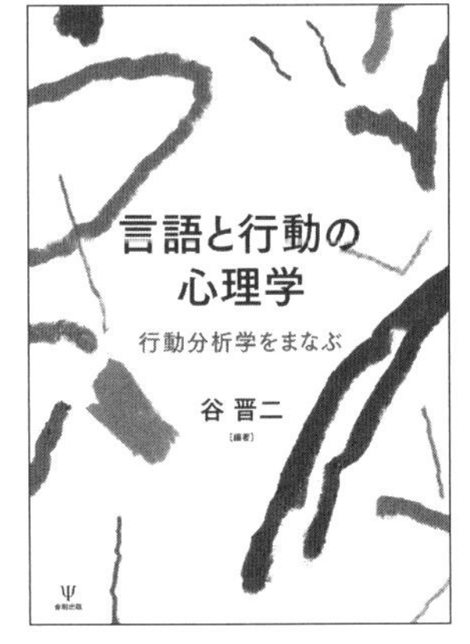

言語と行動の心理学

行動分析学をまなぶ

［編著］谷 晋二

わたしたちは言葉や行動をどうやって学んできたのか？――言葉は感情・行動・思考に大きな影響を与えていて，言葉がなければ感じることも考えることもむずかしい。にもかかわらず，言葉はまるで空気のように生活に浸透していて，言葉を定義するのはもっとむずかしい。行動分析学，機能的文脈主義，関係フレーム理論，そしてACT（アクセプタンス＆コミットメント・セラピー）が，この難問に答えを与えてくれる。ありふれた日々の出来事，カウンセリング現場，そして働くことを題材に，謎がいっぱいの「言語」と「行動」をまなぶ。

本体2,800円＋税

[特集] 感情の科学――リサーチマップとアプローチガイド

感情への招待

基礎心理学と臨床心理学のクロストーク

岩壁 茂 Shigeru Iwakabe
お茶の水女子大学

I 感情への招待

カウンセラーや心理学の専門家を目指す人だけでなく，多くの人は，感情に関して少なからず関心をもっている。自身の感情を理解し，不快で困難な感情をうまく扱ったり，つきあったり，抑えたりするために役立つテクニックや知識を求めている。私たちは，どんなに強い心の痛みにも耐える，いや時にそれらを超越するような意志の強さを身につけたいと思っている。そして，失恋，ちょっとした失敗，仲違い，日常的な人間関係トラブルに悩まされないようになりたいと願っている。そして愛と喜びに満ちた時間を夢見ている。しかし，心理学を学ぶうちにその知識が増えたからといって，上に挙げたような感情的傷つきに免疫ができるわけではないことを理解しはじめる。それに感情について知れば知るほどにその複雑さを痛感する。一言で悲しみといっても，亡くなった人のことを思い出し，感謝で胸が熱くなり，同じように感じる人と手を差し伸べ合い，痛みを癒やすのを手伝ってくれる悲しみもある。もう一方で，絶望感，無力感などが押し寄せて空虚感や心細さにうちひしがれるような悲しみもある。臨床場面では，たった一度涙を流すだけで，長年悩まされてきたことに関して気持ちが整理される人もいれば，毎回の面接で涙を流してもただ苦しさだけが残って，全く前に進めない人もいる。私たちは，このような感情の一見矛盾したような特徴をどれくらい理解しているのだろうか。そして，それらを心理援助において治療的に活かせているのだろうか。

II 臨床経験の落とし穴

筆者は，感情のなかでも特に恥に関心をもってきた。周囲の経験豊富な臨床心理学の先輩方に，恥の研究をしていると話すと，決まって「岩壁さんは恥についてわかっていない」「外国の人たちは日本の繊細な恥の感覚をわかっていない」と言われることがあった。日本で生まれて日本で育ってきたし，日本語で考えて感じていたことを話しているつもりだった。しかも，自分の恥の体験も理解も，外国の文化を知るよりもずっと前からもっていたはずなのに。外国かぶれの自分には，純粋な日本の恥がわからなくなると言われるのは「厳しい」コメントだったが，何かとても考えさせられる面もあった。

日本の社会文化において恥は特別な位置を占める。恥らいや謙遜は，その人の純粋さや他者に対する尊重を示すし，奥ゆかしさは高貴さや美意識とも関係している。恥と関連する対人的特徴の多くは，社会的に望ましいと考えられ，もう一方で恥が足りない特徴（厚かましい，恥知らず）は，忌み嫌われていることから，日本文化におけるポジティブな恥とかかわる現象について学ぶところが多くある。

ただし，このような恥の肯定的な側面が社会的に強調されているのは日本に限定されるわけではない（Schneider, 1977）。また，感情心理学によって明らかにされてきた文化を超えて共通する恥の諸側面もある。人に知られたくないことが公然に曝されたとき，失敗したとき，好きな人に告白してフラれたとき，その場面を他の人に見られてしまったときに恥は起こる。恥は所属する集団の価値観や社会的規範と関係し，一瞬のうちに人の身体に変化を起こす。顔や耳や首元が一瞬のうちに赤くなり，心臓が高鳴り，頭が真っ白になって，しどろもどろになって，思ってもいないことを口走ってしまうこともある。「穴があったら入りたい」という表現があるように，逃げる，避ける，隠れる行動を喚起する。Burgo（2018）はこのような恥の認知，行動，生理学的な側面は誤解されていることが多いと論じている。感情の社会文化的側面を強調するとき，より基本的な感情の性質を軽視してしまうことがある。実際に日本でも，恥の苦しみを体験している人は少なくない。周囲の人の目を意識するために自分を見せられない，縛られていると感じてしまうこと，自分の気持ちを見せる恥ずかしさを恐れて人前で自分自身になれないという感覚をもつことなども，かなり広く見られる恥の苦痛である。

III　質問紙から理解されること・されないこと

しばらく前のことであるが，恥や罪悪感に関心をもちはじめたとき，英語で作られた自己報告式の尺度（Tangney et al., 2000）を用いた研究を行ったことがある。感情に関する尺度の多くは，「以下の状況でどれくらい恥を感じますか」という質問に続いて，「人前で失敗したとき」「忘れ物をしたとき」など，簡単な状況の記述が加えられる。訳した尺度は，友だちに借りていた大切なものを壊してしまったなど，より具体的なシナリオを示したあと，「その友人に合わせる顔がないと思う」という恥とかかわる選択肢を呈示し，「修理をしてもらい友人に謝りたいと思う」など罪悪感とかかわる行動傾向の度合いを評定してもらう。より具体的にリアリティをもった場面設定がなされ，「恥」や「罪悪感」という言葉を使わないため，これらの単語に過敏にならずに回答できるという仕組みにより，恥とかかわる傾向についてより適切に測定できると考えられていた。しかし，このような尺度によると，恥の体験は「隠れる」「逃げる」という退却行動傾向のみによって定義され，もう一方で罪悪感はつぐなう，関係を修復するという「対人修復」傾向として定義された。もちろん，この尺度を用いた研究では，恥と罪悪感の心理的問題とのかかわりは明らかだった。罪悪感は，心理的問題とは負の相関をもっており，もう一方で恥はほとんどの心理的問題傾向と強い正の相関が見出された。多くの研究では，恥や罪悪感の理解に関してこのような尺度のみに頼っている。

しかし，罪悪感にしても恥にしてもそれぞれの複雑さは捉えられていない。北アメリカで出版されている自助本などでは恥は「有毒（toxic）」とされ，恥の病理的側面を強調する傾向が強い。もう一方で，罪悪感は自分のした行為に対しての後悔や振り返りを促し，対人関係の修復行動を起こすより健康的な感情と考えられ，恥を罪悪感へと変換することが重要であると論じられることもある。罪悪感の病理性についても指摘されているが，恥の有毒性に帯する指摘と比べると少ない。

臨床家は，さまざまな人たちの内的世界に触れて，感情の世界の奥行きに深い洞察に達している。しかし，臨床理論から離れた感情の心理学的研究や理論の知見について無関心であることが多い。臨床家の理解は，常に研究の視点とすりあわされなければ，臨床家の価値観や道徳観がその理解をゆがめてしまう。もう一方で，一つの方法のみに頼った研究も，研究者の先入観から出ることができなかったり，感情の一面しか捉えられていない。感情の理解には，多面的で複合的な視点が必要である。臨床心理学，神経科学，進化心理学，生理心理学，発達心理学，認知心理学の研究が，さらに人類学や社会学の領域と組み合わされるとき，はじめてその複雑さを単純化せず理解することが可能になる。

IV エビデンスを通した研究と実践のクロストーク

近年ではエビデンスの重要性を説く声をさまざまなところで耳にする。多くは介入法がその効果の実証的支持を得ているのかということを求め，実証的に支持されない手法を用いることに対する戒めとしてエビデンスが持ち出される。しかし，効果のお墨付きを与えることがエビデンスの第一の目的であってはならない。また，臨床家が，自分の理論的立場の妥当性を肯定するために，研究データを根拠として挙げるのも，有意義ではない。臨床家と研究者の間での生産的な協働は，臨床家がもつ感情に関する深い理解が研究へと反映されること，そして研究者が作り出すデータをもとに臨床家が自らの理論を厳密な目で見つめ直し，その理解をさらに発展させていくようなクロストークが，意義のあるエビデンスを生み出す。

Richard Lane は，記憶の再固定化理論の心理療法における変容の仕組みの理解をつなげようとしている（Lane & Nadel, 2020）。過去のトラウマおよび感情的傷つきの記憶は，一度そのトラウマが起こったあとそのまま脳に刻まれ固定されてしまうのではなく，それが想起されるたびに，その想起する体験とともに記憶に再度書き込まれる。つまり，その記憶をひとりぼっちで恐怖とともに思い出せば，もともとあった恐怖はさらに強化されていく。もう一方で，自分の痛みに共感してくれる他者の優しさを感じ，その痛みを理解し受け取ってもらえるならば，記憶にある孤独さと恐怖は和らげられていくことになる。Lane は，修正感情体験という心理療法に広く共通する変容のメカニズムがまさにこのような記憶の変容と関連していると着想し，さまざまな理論アプローチを代表する臨床家・研究者と記憶再固定化を研究する神経学者たちとの協働プロジェクトをはじめている。記憶に関する認知科学と神経科学と臨床的知恵のクロストークが見られるひとつの例といえる。

臨床家にとって，アカデミックな感情研究により大きな関心をもてなかった理由のひとつとして，心理療法という極めて重要な感情を生み出す場面――それは適度に統制された実験状況として捉えることができるにもかかわらず――を心理学研究が対象としてこなかったことが挙げられる。治療関係は，困難で苦痛を伴い，まさに臨床的に極めて重要な感情が体験されるだけでなく，それらが変容される場でもある。このような「感情変容」の現象は，感情心理学の研究者にとっても興味深いものであるはずだ。どのようにして恥の苦痛が軽減されるかだけでなく，それが自分をあたたかく受け入れるセルフ・コンパッションに変わり，プライドが生まれてくるのか。このような感情の現象について感情心理学の研究者の関心が向くとき，研究と実践のクロストークが浸透し，根づいていくだろう。

V 本特集について

Damasio（1994）は，これまで認知神経科学が，感情は信頼できない，感情は主観的すぎる，捉えどころがなく曖昧だと感情を誤解してきたと指摘している。神経科学の領域では近年「情動革命」が起こっており，多くの研究者が，感情は知的活動の中心的な役割を担っているということを認めている（Panksepp, 1998）。その結果，感情の心理学の領域では近年，臨床的に有用な視点や知見が生まれつつある。本特集では，注目したい近年の感情の研究領域および感情に着目したアプローチを事例とともに紹介する。

悲しみであれ，怒りであれ，喜びであれ，感情を共有する人と人の間にはつながりが生まれる。異なるアプローチの臨床家が感情という共通項を通して対話することによって，感情についての理解が進み，それぞれの方法が発展する刺激が与えられるだろう。本特集も，感情を通したつながりと対話のきっかけとなることを編者として願っている。

▶ 文献

Burgo J（2018）Shame : Free Yourself, Find Joy, and Build True Self-Esteem. New York : St Martin's Essentials.

Damasio A（1994）Descartes' Error : Emotion, Reason, and the Human Brain. New York : Putnam's Sons.（田中三彦 訳（2010）デカルトの誤り―情動, 理性, 人間の脳. 筑摩書房）

Lane R & Nadel L（2020）Neuroscience of Enduring Change : Implications for Psychotherapy. New York : Oxford University Press.

Panksepp J（1998）Affective Neuroscience : The Foundations of Human and Animal Emotions. New York : Oxford University Press.

Schneider CD（1977）Shame, Exposure, and Privacy. Boston : Beacon Press.

Tangney JP, Dearing RL, Wagner PE et al.（2000）Test of Self-Conscious Affect-3（TOSCA-3）. Fairfax, VA : George Mason University.

[特集] 感情の科学——リサーチマップとアプローチガイド

ソマティック・マーカー

大平英樹 Hideki Ohira
名古屋大学大学院情報学研究科

I ソマティック・マーカー仮説の提唱

あるトレーダーが，魅力的な株の銘柄を買おうとした瞬間，ふと胸騒ぎを覚え購入を見送った。翌日，その企業の不正が暴かれ株価が暴落し，トレーダーは大きな損失を免れた。

このように我々は，将来を見通すことが困難な事態において，直感や感情に導かれて意思決定を行うことがある。1980年代，ポルトガル出身でアメリカの神経科医であったDamasioらのグループは，脳の腹内側前頭前野（ventromedial prefrontal cortex：VMPFC）を損傷した患者は，知能や高度な認知能力には問題がないのに日常生活で適切な意思決定ができないこと，また彼らは恐怖や嫌悪などの情動を喚起する画像刺激に対して，交感神経系の活動亢進による手掌部の発汗を反映する皮膚電気反応が生じないこと，に気づいていた。こうした臨床的知見に基づきDamasioらは，人間の意思決定において情動に伴う身体反応が重要な信号として働くと主張するソマティック・マーカー（somatic marker）仮説を提唱した（Damasio et al., 1991）（ソマティック・マーカーとは「身体からの信号」の意）。

II アイオワ・ギャンブリング課題

この仮説の妥当性を実証的に検討するために，Becharaらはアイオワ・ギャンブリング課題と呼ばれる意思決定課題を開発した（Bechara et al., 1997）。この課題では，獲得できる，あるいは損失となる金額が書かれたカードの山が4つ与えられ，参加者は好きな山から1枚ずつカードを引く試行を100回ほど繰り返す。2つの山は獲得額も損失額も小さい低リスクの選択肢であり，残り2つの山は獲得額も損失額も大きい高リスクの選択肢である。それぞれの山における獲得と損失の出現パターンは巧妙に操作されており，低リスクの山は期待値がプラスであり引き続けると利益を上げられるが，高リスクの山は期待値がマイナスであり大きな損失を被る危険がある。

もちろん参加者はこのルールを知らず最初はランダムに選ぶしかないのだが，健常者は次第に低リスクの山を多く選ぶようになり，高リスクの山を選ぶときには皮膚電気反応が増大した。重要なのは，こうした選択の分化とリスクに対する情動的身体反応が，参加者が山と獲得・損失額の関係に意識的に気づく以前から生じたことである。これに対してVMPFC損傷患者では，高リスクの

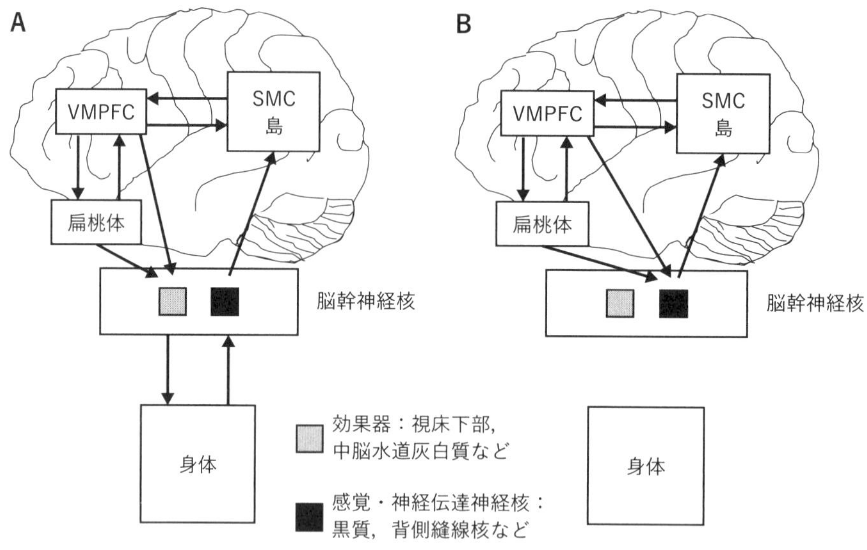

図１　ソマティック・マーカー仮説の神経基盤
A：身体的反応を介する経路／B：あたかも身体ループ
VMPFC：腹内側前頭前野／SMC：体性感覚野

山の危険性に気づいた後でも，それを多く選ぶ傾向が顕著であり，その際，皮膚電気反応が生じなかった。こうした知見からBecharaらは，結果が確率的に変動する不確実な事態において適切な意思決定を素早く学び実行するためには，胸騒ぎや虫の知らせのような無意識に生じる情動的身体反応が重要であり，それを惹起する脳部位がVMPFCと扁桃体（amygdala）であると考えた。これらの脳部位により生じた身体反応は求心性の経路により脳にフィードバックされ，体性感覚野（somatosensory cortex）や島皮質（insula cortex）によって受け取られ，主観的感情（feeling）の経験が形成される。これが意思決定を左右するというのが，ソマティック・マーカー仮説の骨子である（図1A）。

III 「あたかも身体ループ」

ソマティック・マーカー仮説は大きな研究的関心を集めたが，批判も受けた。そのひとつに，身体反応は瞬間ごとの意思決定に影響するには遅すぎるということがある（Nieuwenhuis et al., 2011）。実際，皮膚電気反応に反映されるような交感神経系活動は分泌，分解が遅いノルアドレナリンを末梢での伝達物質として用いており，反応の時間規模は秒単位と遅い。また，Becharaらが示した，意思決定の分化に先立って，しかも無意識的に皮膚電気反応が生じるという知見を再現した研究は少ない（Dunn et al., 2006）。

しかしDamasioは，こうした自身の理論の問題点に気づいており，それを回避するために，ソマティック・マーカー仮説を含む感情理論を体系化した最初の著作（Damasio, 1994）においてすでに「あたかも身体ループ（‘as if’ body loop）」と呼ぶ仕組みを想定している（図1B）。Damasioによれば，身体反応が脳に影響して意思決定を導く過程は，単にボトム・アップで受動的なものではない。脳は，身体状態についての一種の内的モデルを保持しており，外的な刺激に接した場合に，実際の身体反応が生じるより早く，脳内で起こるべき身体反応を予期してシミュレートすることができる。そして，このシミュレーションに基づいて素早く意思決定を左右することが可能となる。さらに，実際の刺激がない場面でも，過去の経験の想起や，これから起こり得る出来事の想像によっても，身体反応のシミュレーションを行うことができ，それにより反実仮想的な意思決定も可能になる。体性感覚野や島皮質の活動は，こうした身体反応のシミュレーションを反映すると主張された。Damasio は，実際に身体反応を伴う身体ループ（図 1A）よりも，むしろ「あたかも身体ループ」のほうが頻繁に利用され重要であると述べている。

IV 内受容感覚・感情・意思決定

ソマティック・マーカー仮説は当初は思弁的な理論という色彩が強く，これに関する脳機能（図 1）にも不明な点が多かった。しかし，後の研究はこの考え方を支持し発展させる方向に展開している。そのひとつが，ソマティック・マーカーの正体ともいうべき内受容感覚（interoception）の探求である。内受容感覚とは身体内部の状態に関する感覚であり，皮膚，筋，関節，内臓などから脳へ伝えられる信号から構成されている。内受容感覚は，身体機能の恒常性（homeostasis）を維持するために脳が身体状態をモニターし制御するために重要である。その働きは常に意識されているわけではなく，むしろその多くは潜在的に処理されている。また，恒常性維持に寄与する内受容感覚は快の，そこから逸脱する内受容感覚は不快の感情に結びつく（Craig, 2002）。

内受容感覚を測定する方法として心拍カウント課題がある。これは身体に触れずに自分の心拍を数える課題であり，それが実際の心拍数と近いほど内受容感覚が鋭敏であると評価される。この課題成績が高い個人ほど，日常的な感情経験における主観的覚醒度が高いことが報告されている（Barrett et al., 2004）。また Sugawara ら（2020）は，心拍検出課題という方法を用いて内受容感覚の訓練を試みている。この課題では参加者の心電図を測定し，心臓の拍動とタイミングが同期した音，あるいは拍動とタイミングがずれた音を提示して同期・逸脱を判断させる。Sugawara らは，1 試行ごとに正答・誤答のフィードバックを与えることで成績を向上させる訓練を施し，その前後で，確実に得られる小さな金銭的報酬か一定の確率で得られる大きな報酬かを選ぶ意思決定課題を施行した。その結果，訓練により実際に参加者の内受容感覚は鋭敏化し，その度合いが大きい個人ほど意思決定の合理性（客観的な確率と期待値に従った選択）が高まった。これらの知見は，身体の感覚が実際に，経験される感情の形成に寄与し，意思決定にまで影響することを示唆している。

こうした過程において重要な機能を持っているのが島皮質の前部である。内受容感覚は視床にある神経核を経て，体性感覚野，前部帯状皮質，島皮質の後部などを経由して伝達され，島皮質の右前部で統合される（Craig, 2003）。この脳部位は，さまざまな身体部位からの信号をまとめあげ，そのメタ的な表象を形成する機能があると考えられている。主観的覚醒度のような，身体状態を一元的に表す心的状態は，こうした神経機構により実現しているのかもしれない。また，この脳部位の活動は意思決定にも影響する。筆者らは，ギャンブリング課題の遂行時において交感神経系の伝達物質であるアドレナリン濃度が高まった個人ほど右前部島皮質の活動が亢進し，この部位の活動に媒介されて，過去に得られた報酬だけにこだわらず，未知の選択肢を探索する傾向が高まることを見出している（Ohira et al., 2013）。

V 内受容感覚の予測的処理

近年，視覚，聴覚，触覚などの外受容感覚（exteroception），身体の位置や関節の動きに関する自己固有感覚（proprioception），そして内受容感覚の処理を統合的に説明する理論的モデルが提唱されている（Seth, 2013）。このモデルは，脳の一般理論として神経科学において優勢になりつつある予測的符号化（predictive coding），あるいは自由エネルギー原理（free energy principle）の考え方に基づいている（Friston, 2010）。この理論では，脳は，内的モデルにより入力されるであろう信号の予測を出力し，その予測と実際に入力される信号とのずれ（予測誤差：prediction error）を検出し，それを最小化するように制御を行うと主張される。内受容感覚については，例えば血圧や血糖値など恒常性維持に重要な要因の予測が出力され，現在の値と照合することで，現実の環境に合わせて内的モデルを更新したり身体に働きかけることで，その予測誤差を最小化するように制御がなされると考えられる。これは，ソマティック・マーカー仮説における「あたかも身体ループ」と近い発想であると考えることができる。

Sethのモデルは当初，概念的な推測であったが，最近の動物実験により支持的な知見が得られている。マウスの島皮質は，通常は現在の空腹や渇きなどの内受容感覚を反映するように活動しているが，餌や水と連合させた視覚的刺激を提示すると，まだそれらの報酬が与えられていないのに，餌や水を摂取して欲求が満たされた状態を反映した活動を示した（Livneh et al., 2020）。この知見は，マウスの島皮質には，予測による活動を惹起することで現在の状態との間に予測誤差を生じさせ，それを低減するために餌や水を獲得するための行動を発動する機能があることを示唆している。また，こうした内的モデルにより生成される予測に基づく内受容感覚の創発や意思決定，行動への影響を，数理モデルにより定式化して示そうとする研究も開始されている。その例として，筆者によるベイズ推論モデルを用いたモデル（大平，2019）や，部分観測マルコフ決定過程というアルゴリズムを用いたモデル（Smith et al., 2019）が提案されている。

VI　結語

現在では，ソマティック・マーカー仮説のオリジナルな主張がそのまま受け入れられているわけではない。しかし，感情の経験や意思決定における身体の重要性の指摘，身体からの信号である内受容感覚を形成するのは単に受動的な過程ではなく「あたかも身体ループ」として表現された脳の内的モデルによる予測に基づく過程であるという発想は，心理学や神経科学の研究者を強く刺激し，これまで見てきたように理論的，実証的な研究が発展を続けている。VMPFC損傷患者の臨床的知見からソマティック・マーカー仮説の構想を体系化し，その後の研究を導いたのは，まさにDamasioの慧眼であったと言えるだろう。

▶文献

Barrett LF, Quigley KS, Bliss-Moreau E & Aronson KR（2004）Interoceptive sensitivity and self-reports of emotional experience. Journal of Personality and Social Psychology 87 ; 684-697.

Bechara A, Damasio H, Tranel D & Damasio AR（1997）Deciding advantageously before knowing the advantageous strategy. Science 275 ; 1293-1235.

Craig AD（2002）How do you feel? Interoception : The sense of the physiological condition of the body. Nature Review Neuroscience 3 ; 655-666.

Craig AD（2003）Interoception : The sense of the physiological condition of the body. Current Opinion in Neurobiology 13 ; 500-505.

Damasio AR（1994）Descartes' Error : Emotion, Reason, and the Human Brain. New York : Putnam.（田中三彦 訳（2000）アントニオ・ダマシオ 生存する脳―心と脳と身体の神秘．講談社）

Damasio AR, Tranel D & Damasio H（1991）Somatic markers and the guidance of behavior. In : H Levin, H Eisenberg & A Benton（Eds）Frontal Lobe Function and Dysfunction. New York : Oxford University Press, pp.217-229.

Dunn BD, Dalgleish T & Lawrence AD（2006）The somatic marker hypothesis : A critical evaluation. Neuroscice and Biobehavioral Reviews 30 ; 239-271.

Friston K（2010）The free-energy principle : A unified brain theory?. Nature Review Neuroscience 11 ; 127-138.

Livneh Y, Sugden AU, Madara JC, Resch JM, Lowell BB & Andermann ML（2020）Estimation of current and future physiological states in insular cortex. Neuron 105 ; 1094-1111.

Nieuwenhuis S, de Geus EJ & Aston-Jones G（2011）The anatomical and functional relationship between the P3 and autonomic components of the orienting response. Psychophysiology 48 ; 162-175.

大平英樹（2019）脳と身体の予測的符号化とその不全―守谷・国里・杉浦論文へのコメント．心理学評論 62 ; 132-141.

Ohira H, Matsunaga M, Murakami H, Osumi T, Fukuyama S, Shinoda J & Yamada J (2013) Neural mechanisms mediating association of sympathetic activity and exploration in decision-making. Neuroscience 246 ; 362-374.

Seth AK (2013) Interoceptive inference, emotion, and the embodied self. Trends in Cognitive Sciences 17 ; 565-573.

Smith R, Parr T & Friston KJ (2019) Simulating emotions : An active inference model of emotional state inference and emotion concept learning. Frontiers in Psychology 10. doi. org/10.3389/fpsyg.2019.02844

Sugawara A, Terasawa Y, Katsunuma R & Sekiguchi A (2020) Effects of interoceptive training on decision making, anxiety, and somatic symptoms. BioPsychoSocial Medicine 14/ doi. org/10.1186/s13030-020-00179-7

［特集］感情の科学――リサーチマップとアプローチガイド

比較認知科学からみた共感の進化

山本真也 Shinya Yamamoto
京都大学高等研究院

I 「共感」とはなにか？

「共感（empathy）」は日常場面でもよく使われる言葉であるが，これを一言で定義するのは難しい。2016年に発表された総説論文（Cuff et al., 2016）によると，共感には43もの異なる定義が存在するという。それをひとつの定義にまとめあげるのは，私の手に負える仕事ではない。とはいえ，現象をきちんと定義することなしに，その現象を科学的に扱うことはできない。ましてや，その進化的道筋を明らかにするためには，ヒトとヒト以外の動物でみられる現象を，共通の用語を使って比較検討する必要がある。本稿では，ひとつの定義を明示するかわりに，「共感」をさまざまな現象にかかわる大きな枠組みとしてとらえたい。そして，共感現象にかかわる要因を因数分解の形でひも解き，それぞれ（あるいはそれらの組み合わせ）がヒト以外の動物でどのようにみられるかを検証することで，ヒトの共感性の特徴を明らかにしようと思う。

まず，ヒトの共感性を測定する指標として使われる対人性反応性指標を例にあげ，共感の要因を検討してみよう。この指標は，同情などの他者指向的情動の喚起されやすさを評価する「共感的関心」，他者の視点に立って他者の気持ちを考えることができるかどうかを評価する「視点取得」，フィクションの人物に感情移入する傾向を評価する「想像性」，他者の苦痛を我が身に置き換えて不安や恐怖にとらわれてしまう傾向を評価する「個人的苦痛」という4つの尺度を基にしている（Davis, 1983）。「想像性」と「個人的苦痛」は，他者が架空か実在かの違いこそあれ，他者と同じ情動状態になるという点で共通している。これらからは，「他者との同一化」という要因が引き出される。それに対し，「視点取得」では，他者の気持ちと同一化することよりも，自己と他者を切り分けたうえで他者の情動を理解すること（「（自他分離に基づく）他者理解」）が重要である。「共感的関心」のポイントは，喚起される情動が他者指向的な側面である。他者の福祉を向上させるという心理的目標に動機づけられており，「向社会性」という言葉に置き換えることが可能である。

II 共感の３つの要因

「他者との同一化」「他者理解」「向社会性」，この３つの要因を用いて共感にかかわるさまざまな現象を読み解くというのが，私の提案するアプローチである。図１（a）を参照しながら，３つの

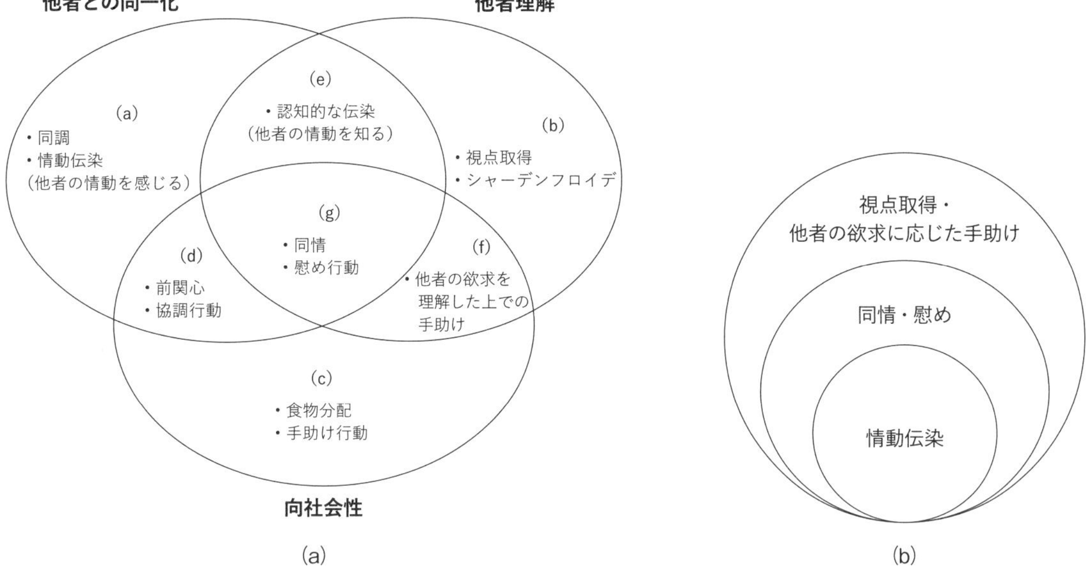

図１　共感に関する２つのモデル
——(a) ３要因組み合わせモデル（Yamamoto (2017) および瀧本・山本 (2015) の図を一部改変），
(b) ロシアンドールモデル（de Waal (2008) の図を一部改変）

要因とその組み合わせによって説明される共感現象を簡単に紹介しよう（詳細はYamamoto（2017），瀧本・山本（2015）を参照）。ここで紹介する現象には，必ずしも「共感」そのものの範疇に入らないものも含まれるが，共感と密接にかかわっている現象だとご理解いただけると幸いである。

(a) 他者との同一化：自動的に他者の情動や行動が伝染したり，その影響を受けたりすることである。ここに分類される典型例として，同調や情動伝染などが挙げられる。とくに情動伝染は，情動的共感とも呼ばれ，他者の情動を感じるメカニズムが共感の中心的役割を果たすとも考えられている（Preston & de Waal, 2002）。

(b) 他者理解：自分とは異なる他者の情動や視点を理解することである。自他の区別ができている必要がある。他者の状況を理解できることが重要であり，必ずしも他者と同じ心的状態になるとは限らない。図中で例に挙げたシャーデンフロイデは，他者の苦悩を理解したうえで，それには同調せず，むしろ他者の苦しみに快感を覚える心の働きのことである。共感とはむしろ逆の心の働きであるが，他者の心を理解するという点では共通している。

(c) 向社会性：自身のコストの有無にかかわらず，他者の利益のために行動する性質や心の働きを指す。食物分配や手助け行動の基盤となる性質と考えられるが，必ずしも他者と同じ情動状態になる必要はなく，他者の状況を理解できているとも限らない。

III　３要因の組み合わせによる共感の発現

次に，これら３つの要因が組み合わされたときに，どのような共感現象が生起するのかをみてみよう。共感を３つの要因に分けて説明するこのモデルを「３要因組み合わせモデル」と呼んでいるが，この「組み合わせ」こそが肝である。

(d) 他者との同一化と向社会性との組み合わせ：ここでは，前関心と呼ばれる現象が知られている。苦しんでいる個体をみると，何が起こっているのかを理解しないまま盲目的にその個体に引きつけられ，他者の苦痛を軽減しようとする。他者の苦痛を自己のうちに感じ取るだけでなく，その他者の苦痛を取り除こうする向社会性がみられる。同情に似ているが，苦痛の元や状況を理解しているわけではなく，その点で同情や慰めとは異なる。

(e) 他者との同一化と他者理解との組み合わせ：他者の情動が自動的・無意識的に伝染するだけではなく，自他を分離して他者の情動やその他の心的状態を意識的に理解することが可能になる。状況を理解したうえで他者と同じ情動が生起する認知的共感と呼ばれる現象である。ただし，向社会性が加わらないと，必ずしも他者の苦痛を取り除こうとする行動には結びつかない。

(f) 他者理解と向社会性との組み合わせ：特定の状況における他者の欲求を理解したうえでの手助けを可能にする。目の見えない人が横断歩道を渡るのを手助けしてあげる例を考えてみよう。この場合，目の見える人が盲目の人の立場になって困難さを理解し，助けようという向社会的動機づけが発現している。助ける側と助けられる側が必ずしも同じ心的状況になっているわけではない。

(g) 他者との同一化・他者理解・向社会性の組み合わせ：この3つの要因が組み合わさると，同情や慰めといった行動が現れる。他者の苦痛を共有してはいるが，その情動が自分由来のものではなく他者由来であることを理解している。そのうえで，他者の苦痛を取り除こうと向社会的にふるまう。共感というと，ヒトではこのような現象が想起されることが多い。

IV　ヒト以外の動物における共感

では，ヒト以外の動物ではどのような共感現象がみられるだろうか。近年の比較認知科学研究から，上に挙げた共感3要因のそれぞれ単体は，さまざまな種でみられることがわかってきている。他者との同一化の代表例である情動伝染は，霊長類のみならず，イヌやラット，インコなど幅広い動物種でみられる。あくびの伝染などが有名な例である。他者理解に関しては，単純な状況の理解から高度な心の理解までレベルの違いはあるものの，これも霊長類を中心に多数の報告がある。一般的に社会的知性と呼ばれており，集団生活を営む種において，他者と駆け引きするうえで重要な能力である。向社会性についても，実証研究のパラダイムが確立された2000年代中頃以降，霊長類を中心に幅広い種で共有されていることがわかってきた。向社会性の発現である手助け行動は，アリなどの無脊椎動物でもみられると言われている。

しかし，これらの要因の組み合わせとなると，確認されている例数は極端に減ってしまう。他者との同一化と向社会性の組み合わせについては，前関心が霊長類で一般的にみられると主張する研究者もいるが，実証研究はほとんどない。2個体での協調行動もここに分類される行動のひとつであるが，類人猿やフサオマキザル・ゾウ・ブチハイエナなど高度な社会性をもつ一部の動物種に限られる。他者との同一化と他者理解の組み合わせである認知的共感についても，研究が難しいこともあり，実証例がほとんどない。他者理解と向社会性の組み合わせについては，相手の欲求に合わせた手助け行動がチンパンジーでみられる程度である。このチンパンジーも，相手からの明示的な要求がなければ，自発的に助けることは稀であることが知られている（Yamamoto et al., 2009, 2012／図2）。3つの要因が組み合わさった同情および慰め行動も，ヒトと進化的に近縁なチンパンジーやボノボではみられるが，同じ霊長類でも，マカク（アカゲザルやニホンザルなど）の仲間ではみられない。このように，要因が組み合わされた形で表出する共感性は，ヒトに近い類人猿や高度な社会性をもつ動物に限られることが示唆されている。

V　「ヒトらしさ」の進化

多岐にわたる共感関連現象を3つの要因のオン・オフ状態で表現したのが，この組み合わせモデルのポイントである（Yamamoto, 2017）。同情や慰め行動といった「ヒトらしい」共感を，要因

図２　チンパンジーの手助け行動。相手の欲求を理解し，相手の状況にあわせた最適な道具を選んで手渡す。ただし，相手から明示的に要求されないと手助けしない（Yamamoto et al., 2009, 2012）。

の組み合わせとして捉えている。低次の情動伝染から高次の視点取得までを直線的あるいは入れ子状に配置したロシアンドールモデル（de Waal, 2008／図１（b））とはこの点で異なる。ロシアンドールモデルにおいては，情動伝染がすべての共感現象の基盤として存在し，情動伝染をベースに発達した現象として同情や慰め行動がある。そのさらに外側の層に，視点取得に基づく他者の欲求を理解したうえでの手助けが続く。このモデルは，ヒトでみられる高度な共感がその発達の頂点に位置することを仮定した線形発達モデルと解釈できる。しかし，先に示したように，視点取得がみられても，必ずしも情動伝染や向社会性がみられるとは限らない。また，チンパンジーのように，視点取得という高度な他者理解能力をもち，かつ向社会性を示すにもかかわらず，それら２つが組み合わさった「他者の欲求を理解したうえでの手助け」は，相手からの明示的な要求がないと生起しないといった例もある。ロシアンドールモデルではこれらをうまく説明できない。一方，組み合わせモデルは，３つの要因が水平に並行して配置される組み合わせのモデルで，共感の複雑性は要因の組み合わせとして表現される。ある要因はみられても，別の要因はみられない，あるいはそれらの組み合わせがみられないということが起こりうるのだ。ヒト以外の動物でみられる共感現象を説明するうえでも，より現実に即したモデルといえるだろう。

このモデルを共感の進化に当てはめることの妥当性は，実証研究による今後の検証を待たないといけないが，さまざまな種での比較をおこなううえで，このモデルで提示した分類が共感現象の有無を整理するのに役立つことを願っている。ヒトの協力社会を支えるうえで重要な役割を果たす共感。この複雑で不思議な現象の進化を，これからも比較認知科学の視点から探っていきたい。

▶文献

Cuff BM, Brown SJ, Taylor L & Howat DJ (2016) Empathy : A review of the concept. Emotion Review 8-2 ; 144-153.

Davis MH (1983) Measuring individual differences in empathy : Evidence for a multidimensional approach. Journal of Personality and Social Psychology 44 ; 113-126.

de Waal FBM (2008) Putting the altruism back into altruism : The evolution of empathy. Annual Review of Psychology 59 ; 279-300.

Preston SD & de Waal FBM (2002) Empathy : Its ultimate and proximate bases. Behavioral and Brain Sciences 25 ; 1-72.

瀧本彩加，山本真也（2015）共感関連現象を説明する組み合わせモデルとヒト以外の霊長類における事例．心理学評論 58-3 ; 255-270.

Yamamoto S (2017) Primate empathy : Three factors and their combinations for empathy-related phenomena. Wiley Interdisciplinary Reviews : Cognitive Science 8-3 ; 1-11.

Yamamoto S, Humle T & Tanaka M (2009) Chimpanzees help each other upon request. PLoS One 4-10 ; e7416.

Yamamoto S, Humle T & Tanaka M (2012) Chimpanzees' flexible targeted helping based on an understanding of conspecifics' goals. Proceedings of the National Academy of Sciences 109-9 ; 3588-3592.

［特集］感情の科学――リサーチマップとアプローチガイド

アタッチメント（ジョン・ボウルビィ）

発達心理学と感情

井上果子 Kako Inoue
横浜国立大学教育学部

I　はじめに

人間が最も恐れるのは「人間の感情」であり，人間が最も求めるのは，自分にとって大切な人が提供する「愛情や愛着」であろう。なぜなら，人は人と関わり，協力し合い，他者を必要として生きているため，相手から向けられる感情も，相手に向ける感情も，自分の心にさまざまな感情を生み出し，その相手との関係性を生み出すからである。

他者を求める子どもの関係性の形成について，はじめて言及したのがSir Edward John Mostyn Bowlby（1907～1990）である。それを彼は「愛着」と呼んだ。そして，幼い子どもが愛着対象を失って「分離」を体験することの影響に着目した。愛着の概念が誕生することで，養育者の存在が重視され，それを支える環境が重視され，そのために他職種の専門家へ啓蒙活動も重視されるようになった。さらに「愛着」を裏付ける実証的研究も重視されるようになった。Bowlbyは，ラジオ，新聞，講演などあらゆる伝達手段を使って，「幼い子どもが親と離されることが及ぼす影響」について，発言しつづけた。彼は17歳のとき，「自分はコミュニティ全体をよりよくするために働きたい」と述べている。彼が成し得た成果なしに，発達心理学はここまで発展しなかったであろう。そして，彼は精神分析学理論を実証研究に導く礎を築いたのである。

II　愛着理論が誕生した背景

1　Bowlbyの生育歴

Bowlbyの父親は，英国王George 5世に仕えた外科医であり，43歳となった1898年に31歳のBowlbyの母親と結婚した。両親は新婚当初から別居が続き，母親は別居を解消するために，子どもたちを乳母に預けて，夫の元でたびたび過ごしていた。この分離が，自身やきょうだいに影響を及ぼしていたと，後にBowlbyは語っている。幼いBowlbyは，母親とは毎日おやつの後1時間しか一緒に過ごせなかった。これは当時，彼が属していた「中の上」階級では，子どもを甘やかさないための一般的な習慣であり，Bowlbyときょうだいは乳母や子守に育てられていた。幼児期，彼は優しく世話してくれた乳母Minnieと安定した関係を築いていた。ところが乳母Minnieが去り，大切な対象を失う切なさを味わった。その後，辛辣な嫌みを言う乳母Nannaに替わったことに関連して，Bowlbyは後に，辛辣な嫌みは子どもに深い傷を与えると語っている。優しいMinnieを失った経験が，彼の理論のなかに反映された。当時は，戦争の時代でもあり，父親は軍医として勤めていたため年に数回しか帰宅せず，幼児期のBowlbyは父親とは疎遠であった。Bowlbyのこうした体験によって，母性剝奪（maternal deprivation）や，早期の「愛着」関係が，いかに後の人生に影響を及ぼすか，という理解につながったのであろう。

2 精神医学・精神分析学への道

Bowlbyは，Cambridge大学で医学および心理学を学んだ。その後1933年から，Maudsley Hospitalで精神医学の臨床助手となってトレーニングを受け，同時期に精神分析のトレーニングを受けた。この時期から医師として，知的な障害を含む，さまざまな障害をもった子どもの治療に携わった。自身の弟に知的な遅れがあったことから，自ずと障害への理解を示していた。このころから非行少年の治療にも関わっていた。この経験が，後に彼の「分離」の概念につながった。

Bowlbyは，精神分析家のなかでは「独立学派」として知られている「中間学派」に属していた。彼は戦後，Tavistock Clinicに着任し，戦時中の経験などを活かした治療的な組織作りを構築させ，現在で言うリエゾン治療を開拓した。

精神分析家となるためのトレーニングは，Bowlbyが20代前半から開始された。彼は，Joan Riviereに教育分析を約7年受けている。彼女は，幼児－母親の関係性に着目したSándor Ferencziに教育を受けており，その影響が，Bowlbyにも暗黙に引き継がれていったと考えられる。また，Bowlbyは，子どもの精神分析治療をイギリスで発展させたMelanie Kleinにもスーパーヴィジョンを受けている。ただし，彼が，精神分析家となるための道のりは険しかった。なぜなら，彼は時折，当時の理論に基づいた治療技法に沿わない関わりを患者にしていたからである。精神分析の指導的立場の者は，Bowlbyによる患者との面接や関わりが非精神分析的となっていると，しばしば批判していた。当時の権威に背いているという印象を抱かれていたのである。また，当時のイギリス精神分析では，女性・ユダヤ系・非医師が中心的に活躍していた。彼女たちの多くは理論構築に卓越していたが，Bowlbyのように医師として多くの患者を診るという経験は少なく，彼が他領域から取り入れた研究法には抵抗があった。それはBowlbyに対する羨望でもあったと，推察される。

3 Donald Winnicottの存在

イギリス精神分析の世界には，Bowlbyの先輩的な存在としてDonald Winnicottがいた。Winnicottは研修医時代に，Bowlbyの父親Sir Anthony Bowlbyから指導を受けた縁があった。2人は，互いの論文や発表にコメントしたり，批評したりして，高め合っていた。BowlbyはしばしばWinnicottにTavistock Clinicでの臨床講義を依頼し，WinnicottはしばしばBowlbyが書いた論文のコピーを求めるなど，互いを認め合う関係が生涯継続していた。当時のイギリスの階級社会で，若い2人は共に，男性・医師・非ユダヤ系という社会的に高い地位にいながら，精神分析内で同じような認められ方をされないときもあり，そのギャップに違和感があったであろう。しかし，子どもの心の発達や治療法の理解を一層深めるために，ロンドン内の狭い精神分析の世界で彼らに向けられた批判に耐えていった。当時推奨された子どもの精神分析的理解と彼らの考えの違いによる苦悩体験と，苦悩からの脱却のプロセスのなかで築き上げた理論は，後の児童精神医学や発達心理学に，大きく貢献した。

4 子どものヒステリーの知見

Bowlbyは1939年の時点で，子どもにはヒステリー症状があると，それまで指摘されていなかった現象を紹介している。親への同一化から，親と同じ症状を呈する場合もあるが，それは一時的なものである。また，ヒステリー性の痛みは原因がさまざまである。幼い子どもには，心の内で抱く言葉に表せない耐えがたい自身の感情を，頭痛などの身体の症状として表す心因性のケースが多い。その理由は，しばしば養育者との関係性にあると，彼はその当時から指摘していた。また，子どもが親に隠れて盗み食いをした後に罪悪感を抱き，お腹が痛くなる症例や，親の関わり方の問題が摂食不能や便秘という症状を呈する子どもの症例などを報告している。Bowlby は，養育者が子どもに与える影響を認識していたからこそ，戦前から，必要に応じて，母親への治療的なアプローチや，母－子に特化した治療などを提案していた。

Brett Karr は，Bowlby（1939）の「子どものヒステリー（Hysteria in children）」こそ「愛着理論」の誕生であると追想している。

III 愛着理論三部作

第二次世界大戦後に，WHO の依頼でホームレスの子どもと関わった経験から，Bowlby は，愛着理論三部作「Attachment（愛着行動）（1969）」「Separation（分離不安）（1973）」「Loss（対象喪失）（1980）を 11 年かけて 73 歳のときに完成させた。

1 理論の実証的な裏付け

Bowlby は，精神分析治療から生み出された理論に留まった子どもの理解に，限界を感じていた。彼は，子どもを取り巻く環境が，どのように子どもに内在化され，子どもの発達に作用するかに関心を抱いていた。その仕組みを少しでも解明するために，Bowlby は，1950 年代から動物行動学や進化生物学の分野に関心を広げた。それらの分野におけるデータの収集法は，精神分析では行われていなかった，より実証的な方法であった。動物行動学者が，動物の行動システムを元に，動物が生物学的に備えている生得的な行動の神経プログラムを説明しているように，Bowlby は，データ収集に基づいたより実証的な根拠を，常に重視していた。データによる裏付けを重視していたため，愛着理論は動物にも適用できることが証明され，動物行動学への貢献にもつながっていった。

2 愛着の重要性

Bowlby は愛着を，親と子どもの相互作用から成立される，互いが慕い合っている感覚であると捉えていた。しかし，愛着関係の源は解明されていないが，遺伝的に設計され本能に根ざしているという，動物行動学の視点も考慮していた。Bowlby はまた愛着を，自身の人生において特別な人に感じる情緒的なつながりと説明している。幼い子どもの場合，主要な愛着対象が常に近くにいたり，すぐに対応してくれることが，安定感をもたらす「安定基地」となる。しかし，その対象を失うかもしれないという脅威は不安をもたらし，実際に失うことは悲哀を引き起こし，どちらも怒りを発生させると述べている。

主要な養育者との関係の在り方が，幼い子どもの「自分」や「他者」という感覚を築く。その関係によって，自分に対する自己評価や自信の高低が形成され，他者に対する回避あるいは接近，依存の在り方が形成される。さらに，その関係からの孤立感や孤独感，あるいは社会的な交流が生まれる。

Bowlby によれば，幼い子どもは養育者から「安定基地」を提供されることが必要である。「安全基地」なしに，健全な情緒の発達も社会性の発達も成し遂げられないのである。

▶文献

Bowlby J（1939）Hysteria in children. In : Attachment New Direction in Psychotherapy and Relational Psychoanalysis. Vol.13（2019）. Phoenix.

Bowlby J（1969）Attachment and Loss. Volume I : Attachment. The International Psycho-Analytical Library 79. The Hogarth Press and the Institute of Psycho-Analysis.

Bowlby J（1973）Attachment and Loss. Volume II : Separation, Anxiety and Anger. The International Psycho-Analytical Library 95. The Hogarth Press and the Institute of Psycho-Analysis.

Bowlby J（1980）Attachment and Loss : Volume III : Loss, Sadness and Depression. The International

Psycho-Analytical Library 109. The Hogarth Press and the Institute of Psycho-Analysis.

Bowlby J (2013) The Milan Seminar : Clinical Application of Attachment Theory (History of Psychoanalysis Series, Marco Bacciagaluppi (Ed)). Karnac.

Bolwby R (2004) Fifty Years of Attachment Theory : Recollections of Donald Winnicott and John Bowlby. The Donald Winnicott Memorial Lecture, Given by Pearl King. Karnac.

Holmes J (1993) John Bowlby and Attachment Theory. Routledge.

Howe D (2011) Attachment across the Lifecourse. Palgrave Macmillan.

Van Dijken S (1998) John Bowlby : His Early Life. Free Association Books.

[特集] 感情の科学――リサーチマップとアプローチガイド

「情の理」論

感情の中に潜む合理なるもの

遠藤利彦 Toshihiko Endo
東京大学

I 「情の理」とは何か？

20世紀の半ば，行動主義心理学が未だ隆盛を極めていた頃，オペラント条件付けで知られる，かのBF Skinnerは，心理学的ユートピア小説『ウォールデン・ツー』を上梓し，人間の心身の健康や適応にとって感情がいかに無用かつ有害であるかを諄々（じゅんじゅん）と説いている。Skinnerだけではなく，当時の行動主義心理学者の多くが，感情を，まさに曖昧模糊とした「心」の最たるものと見なし，客観的な科学的近接に最もなじまないもののひとつであるということを前提視していた。彼らにとって，感情は，もっぱら，人の適応的で合理的な判断や行動を惑乱させ破壊する，いわば無秩序・混沌の権化だったのである。

実のところ，こうした感情観の源流は，古代ギリシアの哲学思想のなかに見出すことができる。例えば，Platoなどは，人の魂が理性（reason）と感情（passion）という2頭の異種なる馬車馬によって引かれる様を思い描いていたようである。彼の想念のなかで，理性は魂を正しき方向へと導く端正美麗な「賢馬」であり，他方，感情は魂を悪しき方向へと駆る胡乱醜悪な「悍馬」であった。そして，「悍馬」たる感情を徹底的に御し，「賢馬」たる理性に従って生きることこそが，人にとって在るべき至高かつ幸福な状態であると説いていたのである。

こうした感情観は，その後，キリスト教神学に受け継がれ，長く西欧思潮の通奏低音として響き続けることになるわけであるが，今や時代は，こうした見方に対して，かなりはっきりと訣別宣言をしはじめているように思われる。心理学の領域においても，行動主義の趨勢が衰えはじめた頃から，感情を理性の対極に位置づけ，非合理性的で反機能的であるという従来の見方を訝るようになり，今では，むしろ感情を人の心身の状態を整合的に調整し，種々の適応を高度に支えるものと考えるようになってきている。

言い換えれば，「情の理」，すなわち感情に元来，潜んで在る合理なるものに心理学内外の研究者の熱い視線が注がれるようになってきているのである。その合理なるものとは，ひとつには感情の発動を支えるある秩序だった法則性であり，もうひとつには，実際に発動された感情が人の現実の生活，あるいは生存や繁殖にもたらす適応的な機能性であると言い得よう。前者については，その脳内基盤も含め，遭遇した状況に対する評価（appraisal）から始まり，生理的な賦活や行為傾向（action tendency）の生起，そして具体的な行動表出およびその制御に至るまでの一連のプロセスとメカニズムについての実証的解明が飛躍的に進んできている。後者に関しては，「今ここ」という短期的な視点からは，一見，厄介で非合理と見なされがちな種々の感情が，実は，より長期的な視点，場合によっては人のトータル・ライフという視座から見ると，人の適応に，ある意味，不可欠とも言い得るようなさまざまな機能性を有しているということが，かなり明瞭に審（つまび）らかにされつつある。

以下では，紙数に限りがあるため，後者の殊にその社会的機能という点に絞って，ほんの一部ということにはなるが，感情に潜む合理なるものについて考究を試みることにしたい。

II 感情の社会的調整機能に見る「情の理」

人が他者との関係においてしばしば経験する感情のなかには，少なくとも短期的利害という視座からすると，感情の発動者の側にある種の損害を背負い込ませるようなものが少なくない。例えば，私たちは，集団のなかで不公平にも自分だけが莫大な利益を得ている状況で，何か他の人たちにすまないといった罪悪感を覚え，それ以上の利益追求に自ら歯止めをかけてしまうようなことがある。それどころか，自身に何らかの利益をもたらしてくれた他者がいたとすれば，その他者に，感謝という感情をもって，相応のお返しをしようとし，結果的に己の利益をすり減らしたりもする。また，先んじて何の助けや施しも受けていないような関係性でも，他者が何かに困窮していれば，つい共感や同情を覚え，自己犠牲を払ってでも，他者に利他的にふるまうこともある。あるいは，自身が他者から散々，不利益を被りながらも，赦し（forgiveness）のような感情に駆られて，その他者を責め立てるのを止め，被った不利益を反故にしてしまうようなこともあろう。

こうした場合の罪悪感にしても感謝にしても，また共感や同情にしても，あるいは赦しにしても，個体の短期的利害という視点からすれば，そこに損害はあっても利益はない。いずれも，少なくとも純然たる経済的原理からすれば，非合理以外の何ものでもないということになる。しかし，今ここでの利益を遠ざけ，むしろ損害を受け入れるような状況に強くコミットさせる，こうした感情の働きが，一種の「情の理」として，時に，長期的視点から見れば，その個体に高度な社会的および生物学的な適応をもたらしている可能性があるのだと言える。ヒトの本性は，自己利益の最大化のみを行動動機とする「経済人（Homo Economicus）」などではなく，むしろ，多分に「感情人（Homo Emoticus）」とも言うべきものになろう。

生物種としてのヒトは，元来，高度に社会的であり，関係や集団のなかでの適応が，結果的に生物的適応に通じる確率が際立って高い種と言える。進化論者が強調するのは，ヒトにおいては，こうした社会性こそが最大の強みであり，狩猟採集にしても外敵への対抗にしても子育てにしても，集団生活が単独生活よりも多くの利点を有しており，また，それを維持するために集団成員間における関係性や利害バランスの調整メカニズムが必要になったということである。そして，そこに最も密接に絡むものとして互恵性の原理，すなわち相互に何かをもらったり，そのお返しをしたり，また助けられたり助けたりするという形で，集団内における協力体制を確立・維持するために必要となる一群のルールがあると考えられる。そして，こうしたルールに適う一種の心的装置として，先に見たような一群の感情が，長い進化の過程において，徐々にヒトという生物種に備わってきた可能性が想定されるのである。

III 公平・公正にこだわる「情の理」

ヒトにおける互恵性およびそれに沿った感情の働きは実に精妙なものと言えるわけだが，半ば，その必然的な帰結として，そうした互恵性の原理を脅かす状況に対して，やはり人は感情的にきわめて敏感に反応するようである。例えば，集団のなかの協力には関与せず，まんまと利益だけをせしめてしまうような個体，いわゆるフリー・ライダーに対して，多くの場合，私たち人は憤りのような感情を強く覚えるはずである。

いわゆる「公共財ゲーム（public good game）」を用いた一連の実験は，人が自他間の関係性のなかでの利害バランス，とりわけ公平性や公正性に対してきわめて厳しい目を有することを教えてくれるものである。そのゲームは，参加者が相互に多く協力することによって参加者個々により大きな利益がもたらされる仕組みになっている。ただし，そこには，フリー・ライダーとしてふるまい，全く協力しなくともまんまと利益を，時に協力した場合以上に，多くせしめてしまえる余地があり，参加者は協力するのかしないのか，するとすればどれだけの協力をするかということの選択を迫られることになる。その結果は，ゲームが続けられる内に，参加者相互の協力関係は崩れはじめ，それと同時に徐々に多くの参加者がゲームから撤退しようとする傾向があることを示すものであった。そこには多分に，「正直者がばかを見る」，不公平・不公正から生じる憤りあるいは不条理感が介在していたのだと考えられる。

しかし，この実験には続きがあり，参加者が自ら一定のコストを支払って，その非協力者たるフリー・ライダーに罰金を科すことができるようにすると，たとえ徴収した罰金が協力者に再配分されることがないとしても，そのゲームは相対的に長く安定して協力関係が維持されたまま続けられるようになったのだという。すなわち，非協力者に対する憤りがその者への懲罰に結びつくように仕組まれると，全体的な協力関係がうまく回りはじめ，結果的に参加者個々にもより大きい利益が安定してもたらされるようになったということである。

これが示唆的なのは，義憤に駆られて，罰金を科すためにわざわざ，さらなるコストを支払ってしまうという行為が，少なくとも短期的な視点および単純な経済原理からすれば，ただ損を背負い込む以外の何ものでもなく，非合理的であるということ，しかし，その時点では非合理的でありながら，長期的および集団全体という視点から見ると，その行為が実は回り回って個々に何らかの利益として還元される可能性があるということであろう。この結果には，「利他的な罰」，すなわち，非協力者の存在をきわめて不快に感じ，たとえ自らは何ら損害を被っていない場合でも，あえて自己犠牲を払い，その非協力者を罰し，集団内の互恵的な協力体制を優先的に維持・回復させようとする人間の感情の仕組みが如実に反映されているものと考えられ，そこにも「情の理」のひとつの形を見て取ることができるのである。

Ⅳ「情の理」の両刃性

上述したような感情の働きは，一種の「情の理」として，私たちの相対的に健全で適応的な日常を支えていると言い得るわけであるが，一方で，それは時に，人を苦境に陥れる危険性を併せ持っているのかもしれない。そもそも，感情がもたらす機能性が，時折，心理学が長く適応性の指標としてきたウェルビーイングを脅かすものにもなり得るということを，まず私たちは確認しておいて然るべきであろう。例えば，恐れや不安は，さまざまな危機に対して迅速な対処あるいは予防的な回避を可能ならしめるという意味では適応的でも，そうした感情に苛まれている状態は，私たちにとって耐えがたくウェルビーイングの低い状態でもあるのである。

先にも見たように，共感や同情は，かつてA Smithが『道徳感情論』のなかで述したように，「社会という織物を編み合わせる糸」として互恵性や道徳性の維持に寄与していると言える一方で，それらが暴走すると，時にいわゆる病的な利他性を生み出し，共感疲労やバーン・アウトあるいは共依存という形で個体の心身の健康をひどく害してしまったり，場合によっては集団自死のような悲劇を招来してしまったりする危険性もある。また，一部の論者によれば，共感性が，己の眼前にいる困窮者に対する「えこひいき」状況を作り出し，目には見えないところにいるもっと多くの，もっと困窮の度合いの強い他者に対する意識を薄れさせ，結果的に社会全体の公利を著しく損なわせるようなこともあり得るのだという。

加えて言えば，公平・公正に関わる感情の仕組みは，時に，自他の社会的比較のなかで，自身よりも幸福状態が上にある他者に対する妬みや怒りを，翻って劣位にある自身に対する恥を生じさせることがある。「情の理」という視座から見れば，確かに，時に，妬みは自他の間に生じた不当な利害バランスの偏りを是正させることに寄与し，恥は，自己改善動機を高めることを通して，個体の地位向上や資質獲得を可能ならしめることがあると言い得る。しかし，こうした感情が事態の改善を伴わないまま，長く持続するような場合には，個体の心身の健康をひどく脅かすものにもなってしまうようである。近年，医療社会学の領域などでは，絶対的な貧困以上に，いわゆる相対的な剥奪が，人間の健康状態や寿命により強く関連することが明らかにされてきている。このことは，人がたとえ客観的な意味で人並み以上に富裕であっても，周囲の人と比べて自分が劣っていると主観的に感じ，妬みや怒りや恥を強く覚えてしまうことが，人の心身の健全性を破壊しかねないことを含意している。

このように「情の理」には，本源的に，両刃の剣的な性質が宿っているのだと言える。しかし，一度，両刃とわかれば，今度は意図してそれを適切に使いこなすということを考えるべきなのであろう。今や，感情知性（emotional intelligence）という術語は，心理学内外でごく一般的に使われるようになってきているが，その本来の意味は，厄介な感情を徹底的に管理し制御するための知恵ではなく，それこそ感情のなかに元来潜んで在る合理なるもの，つまりは「情の理」を最大限にうまく活用するための知恵であることをここであえて再確認し，この拙き小論を結ぶことにしたい。

▶文献

遠藤利彦（2013）「情の理」論―情動の合理性をめぐる心理学的考究．東京大学出版会．

遠藤利彦（2015）両刃なる情動―合理性と非合理性のあわいに在るもの．In：渡邊正孝，船橋新太郎 編：情動と意識決定―感情と理性の統合．朝倉書店，pp.93-131.

遠藤利彦（2016）利己と利他のあわい―社会性を支える感情の仕組み．エモーション・スタディーズ（日本感情心理学会誌）2；1-6.

[特集] 感情の科学――リサーチマップとアプローチガイド

持続的な幸福（マーティン・セリグマン）

ポジティブ心理学と感情

浅川希洋志 Kiyoshi Asakawa
法政大学

I　ポジティブ心理学の提唱

ポジティブ心理学とは，1998年にサンフランシスコで開催されたアメリカ心理学会（APA）総会の会長就任基調講演のなかで，Martin Seligmanが21世紀の心理学が対応を求められる領域として発議し，提唱したものである。Seligmanによれば，第2次世界大戦以前，心理学には3つの明確な使命があったという。すなわちそれは，①精神的な病を治すこと，②すべての人々の日々の生活をより幸福に，より生産的に，より充実したものにすること，③優れた才能を見出し，それを伸ばし，育むこと，であった（Seligman, 2002；Seligman & Csikszentmihalyi, 2000）。しかし，第2次世界大戦以降，心理学は心の問題を抱える退役軍人，さらには計り知れない規模で人類が危機に直面した状況のなかで精神的に病み，苦しむ人々を救うために，膨大な時間とエネルギーを注ぎ込んでいくことになる。それは当時の心理学が政府からの財政支援に大きく依存した学問であったことに由来する。政府からの利用可能な資金のほとんどすべては，精神病理の研究や精神疾患に苦しむ人々の治療に当てられ，心理学者は精神疾患の治療に携わることで生計を立て，精神病理について研究することで研究費を得ることを余儀なくされたのであった。もちろん，その領域で多くの素晴らしい研究がなされ，精神的な障がいや問題の治療・予防に関し，多くの有意義な知見が得られてきたことも事実である（ピーターソン，2006）。しかし，このような心理学の発展のなかで見えてきたものは，人間のネガティブな精神機能に“過度”に焦点を当てた，“治療の科学”としての心理学の姿であり（島井，2006），第2次世界大戦以降の心理学は，Seligmanのいう心理学の3つの使命のうちの第1番目の使命に特化し，発展してきたのであった。

II　ポジティブ心理学の目的と研究領域

ポジティブ心理学が目指すところは，したがって，それまでの心理学が積極的に顧みようとしなかった心理学の本来の使命に立ち返ることであり，心の科学として，人間のもつ強み（human strengths）に着目し，人々の日々の生活を幸福で生きがいのあるものにするためにはどうしたらよいのか，という課題に積極的に取り組むことである。しかしそれは，人間のネガティブな側面の研究を否定することではなく，心の働きのポジティブな側面とネガティブな側面をバ

表　人間の美徳と強みとしての徳性（Peterson & Seligman（2004）より作成）

美徳	強みとしての徳性
勇気	勇敢／勤勉／誠実性
正義	チームワーク／平等・公正／リーダーシップ
人間性・愛	親切／愛する力・愛される力
節度	自己コントロール／思慮深さ・慎重／謙虚
超越性	審美心／感謝／希望・楽観性／精神性／寛大／ユーモア・遊戯心／熱意
知恵・知識	好奇心・興味／向学心／判断／独創性／社会的知能／見通し

ランスよく見ていくことであった（堀毛，2010，2019）。このような方向性をもつポジティブ心理学の理論と研究がはじめて体系的に示されたのは，アメリカ心理学会の機関誌“American Psychologist”2000年・第55巻第1号の“Happiness, excellence, and optimal human functioning”という特集においてであった。Seligmanと彼とともにポジティブ心理学の父と並び称されるMihaly Csikszentmihalyiは，その特集に寄せた「ポジティブ心理学――序論」（Seligman & Csikszentmihalyi, 2000）という文章のなかで，ポジティブ心理学の研究領域は次の3つのレベルからなると述べている。すなわち，①ポジティブな主観的経験に関するレベル，②ポジティブな個人特性に関するレベル，③ポジティブな機構や制度などに関する社会的レベルである。第1のポジティブな主観的経験に関するレベルには，ウェルビーイング（良い生き方，心身ともに健康な生き方），満足感，充実感，幸福感，楽観性，フロー経験，将来への希望などに関する研究が含まれる。第2のポジティブな個人特性のレベルには，人間の強みや美徳，愛する力，勇気，ユーモア，独創性などに関する研究が含まれ，それらはさまざまな困難に立ち向かう強さと柔軟性をもたらす個人的資質を明らかにすることを目的とするものである。このレベルの研究として特に注目されるのは，PetersonとSeligmanによる研究であろう。彼らは人間の強みや美徳を組織的に検討し，表に示されるような6つの「美徳（virtues＝勇気，正義，人間性・愛，節度，超越性，知恵・知識）」とそれらのもとにまとめられる24の「強みとしての徳性（character strengths）」を特定している（Peterson & Seligman, 2004）。最後に，ポジティブ心理学の研究領域の第3のレベル，社会的レベルの研究には，道徳性や社会的責任，正義，市民性，労働倫理，ポジティブな組織など，コミュニティの向上と発展に関わる要素の研究が含まれる。図1はHefferon & Boniwell（2011）によるポジティブ心理学のマインドマップであるが，これを見るとポジティブ心理学の研究領域がいかに広範に及ぶかが理解できるであろう。

III　Seligmanの「ウェルビーイング理論」――PERMAモデル

このように，ポジティブ心理学が広範な研究領域で多様な展開を見せるなか，Seligman自身はどのような立ち位置にいるのであろうか。2011年の著書“Flourish : A Visionary New Understanding of Happiness and Well-Being”（邦訳題『ポジティブ心理学の挑戦――“幸福”から“持続的幸福”へ』）において，Seligmanはさまざまな議論や論考の末たどりついた「ウェルビーイング理論（well-being theory）」を提起している（Seligman, 2011）。すでに述べたように，ウェルビーイングとは良い生き方，心身ともに健康な生き方を意味する。ここでSeligmanは，ポジティブ心理学のテーマは単なる“幸福”ではなく“ウェルビーイング”であるとし，ウェルビーイングを5つの測定可能な要素（頭文字を取ってPERMA（パーマ）と呼ぶ）からなる構成概念として捉える，ウェルビーイングの多面的モデル（PERMAモデル）を提唱した。ウェルビーイングの5つの構成

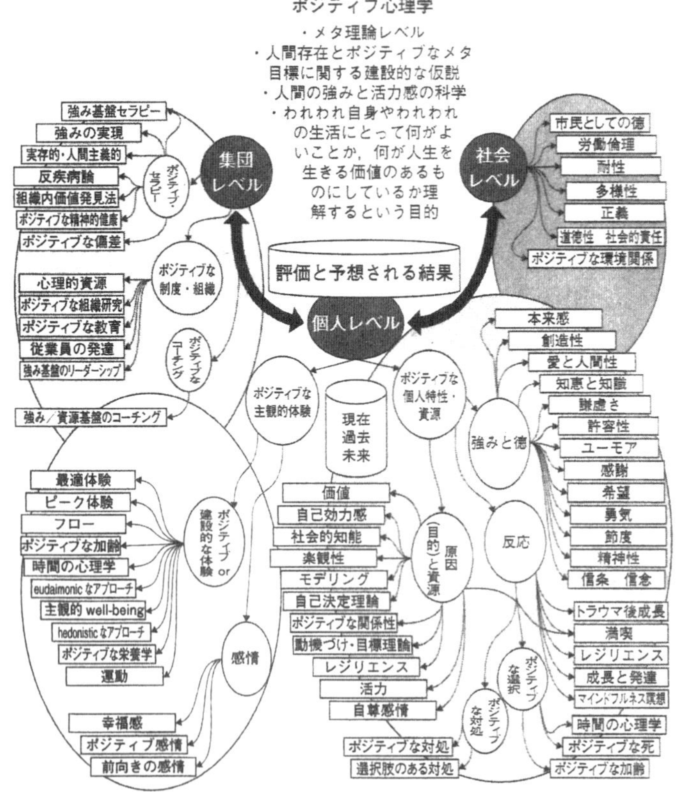

図1 ポジティブ心理学のマインドマップ（Hefferon & Boniwell, 2011；堀毛，2009）

要素PERMAとは，①「ポジティブ感情（Positive emotion）：嬉しさ，楽しさ，感動，感激といったポジティブな感情を経験すること」，②「エンゲージメント（Engagement）：何かに没頭すること」，③「人間関係（Relationships）：他者と良好な人間関係を築くこと」，④「意味のある人生（Meaning）：人生の意味や意義を自覚すること」，⑤「達成（Achievement）：何かを成し遂げること」である。また，Seligmanは，先に紹介した24の人間の強み（徳性）がこれらすべての要素を支え，自らの強みを最高に活用することで，人はこれらの要素のレベルを向上させることができるとしている。したがって，Seligmanの描くポジティブ心理学の目標は，ウェルビーイングの構成要素のそれぞれのレベルを引き上げることで，最終的に個人や組織，地域コミュニティ，さらには国家や人類全体の“持続的な幸福感”を向上させること，つまりそれらすべての繁栄（フラーリッシュ）（Flourish）を実現することであり，こういった意味で「ウェルビーイング理論」は，個人から人類全体までのさまざまなレベルに，“持続的な幸福感”あるいは繁栄（フラーリッシュ）をもたらすためのロードマップということができる。

そして，さらにここで重要なことは，本特集が焦点を当てる“感情”は，ポジティブ心理学の主要な研究テーマのひとつであり（図1参照），特にポジティブ感情はSeligmanのPERMAモデルにおいてもウェルビーイングの主要構成要素のひとつとして扱われている点である。

IV ポジティブ感情の機能

心理学では長年にわたり，恐怖，怒り，悲しみ，抑うつ感，不安といったネガティブ感情に関する研究に多くのエネルギーが注がれてき

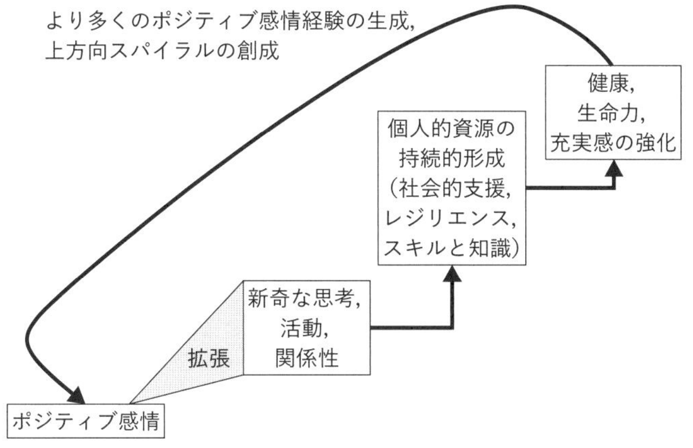

図２　ポジティブ感情の「拡張－形成理論」（Cohn & Fredrickson, 2009；堀毛，2019）

た。それは，すでに述べたように，第２次世界大戦以降の心理学が人間のネガティブな精神機能に焦点を当てて発展してきたからである。一方で，ポジティブ感情に関する研究は近年のポジティブ心理学の展開と相まって，大きく注目されるようになってきている。なかでも注目すべきは，Barbara L Fredrickson が提唱する「拡張－形成理論（broaden-and-build theory）」であろう（Fredrickson, 1998, 2001）。Fredrickson は人間のポジティブな感情に関する実証的な研究を行い，図２に示されるようなポジティブ感情による人間の成長のモデルを提起している（Cohn & Fredrickson, 2009）。このモデルによれば，人はポジティブな感情を経験することによって，思考－行動のレパートリーが一時的に広がる，つまり創造性が高まり，新奇な考え方や行為，活動がもたらされ，他者との関係においても柔軟性が増すのである。これが「拡張（broaden）」過程であり，その結果として，身体的資源としての運動能力，知的資源としての知識やスキル，社会的資源としての友人関係や社会的支援，さらにはレジリエンスといった個人的資源が持続的かつ長期的に形成される。これがこのモデルの「形成（build）」過程である。さらに，こうして形成された個人的資源は，人々の健康や生存，充実感などを強化し，それがさらなるポジティブ感情を経験させるという上向きの発展スパイラル（らせん的変化）を生み，人々のウェルビーイングを継続的に向上させるのである。つまり，ポジティブな感情には思考－行動のレパートリーを拡張し，それにもとづいて個人的資源を形成させ，人を社会に適応し，健全に，より良く生きる存在へと成長させる機能があるということである。

Ⅴ　PERMA の向上から持続的な幸福・繁栄（フラーリッシュ）へ

Seligman の「ウェルビーイング理論」では，これまで没入感をともなう楽しい経験として議論，研究されてきたフロー状態を，ウェルビーイングの構成要素である「エンゲージメント」の典型としてあげている。なぜなら，フロー状態にあるとき，人はきわめて高い集中力で活動に没頭し，感情は意識にのぼってこないからである。つまり，フローにおける楽しさ，幸福感，満足感，充実感といったポジティブな感情は回想的であるというのがその理由である。ただ，Csikszentmihalyi による「フロー理論（flow theory）」は，人はこのような回想的に経験される楽しさ，包括的なポジティブな経験を通して自らの能力を高めていく，という“発達のモデル”である（浅川，2012；Csikszentmihalyi, 1990）。そして，何かに没頭したあとのポジティブな感情や感覚は確かに存在する。さらに，Seligmanのいうウェルビーイングの他の構成要素「人間関係」「意味のある人生」「達成」に関しても，他者と良好な人間関係を築くことができたとき，人生の意味や意義を自覚することができたとき，そして何かを達成できたとき，当然人はポジティブな感情の高まりを経験するであろう。つまり，Seligmanの理論におけるウェルビーイングの構成要素PERMAの各々の向上は，ポジティブな感情をもたらし，Fredricksonの「拡張－形成理論」における上向きの発展スパイラルを生み，人々のウェルビーイングを継続的に向上させるのではないだろうか。SeligmanのPERMAモデルでは，人々が，そして人類全体がどのように持続的な幸福や繁栄（フラーリッシュ）に到達するかは述べられていないが，島井（2015）が議論するように，人生のさまざまな側面（PERMAを含む）で経験する多様な幸福感がFredricksonの「拡張－形成プロセス」と類似のプロセスで持続的な幸福や繁栄（フラーリッシュ）へと，人々を，そして人類全体を導いていくというのが，ポジティブ感情の機能に着目したFredricksonの「拡張－形成理論」の実証的信頼性，妥当性から考えて，きわめて説得力のある流れのように思える。

▶ 文献

浅川希洋志（2012）楽しさと最適経験の現象学―フロー理論．In：鹿毛雅治 編：モティベーションをまなぶ12の理論．金剛出版，pp.161-193.

Cohn MA & Fredrickson BL（2009）Positive emotions. In : CR Snyder & SJ Lopez（Eds）Oxford Handbook of Positive Psychology 2nd Ed. NY : Oxford University Press, pp.13-24.

Csikszentmihalyi M（1990）Flow : The Psychology of Optimal Experience. NY : HarperCollins.

Fredrickson BL（1998）What good are positive emotions?. Review of General Psychology 2-3 ; 300-319.

Fredrickson BL（2001）The role of positive emotions in positive psychology : The broaden-and-build theory of positive emotions. American Psychologist 56-3 ; 218-226.

Hefferon K & Boniwell I（2011）Positive Psychology : Theory, Research and Application. Berkshire : Open University Press.

堀毛一也（2010）ポジティブ心理学の展開．In：堀毛一也 編：現代のエスプリ ポジティブ心理学の展開―「強み」とは何か，それをどう伸ばせるか．ぎょうせい，pp.5-27.

堀毛一也（2019）ポジティブなこころの科学―人と社会のよりよい関わりを目指して．サイエンス社．

C・ピーターソン［大竹恵子 訳］（2006）ポジティブ心理学の課題と挑戦．In：島井哲志 編：ポジティブ心理学―21世紀の心理学の可能性．ナカニシヤ出版，pp.253-268.

Peterson C & Seligman MEP（2004）Character Strengths and Virtues : A Handbook and Classification. NY : Oxford University Press.

Seligman MEP（2002）Authentic Happiness : Using the New Positive Psychology to Realize Your Potential for Lasting Fulfillment. NY : Free Press.

Seligman MEP（2011）Flourish : A Visionary New Understanding of Happiness and Well-Being. NY : Free Press.（宇野カオリ 訳（2014）ポジティブ心理学の挑戦―“幸福”から“持続的幸福”へ．ディスカヴァリー・トゥエンティワン）

Seligman MEP & Csikszentmihalyi M（2000）Positive psychology : An introduction. American Psychologist 55-1 ; 5-14.

島井哲志（2006）ポジティブ心理学―21世紀の心理学の可能性．ナカニシヤ出版．

島井哲志（2015）幸福の構造―持続する幸福感と幸せな社会づくり．有斐閣．

[特集] 感情の科学——リサーチマップとアプローチガイド

妬みとシャーデンフロイデ

髙橋英彦 Hidehiko Takahashi
東京医科歯科大学大学院 医歯学総合研究科 精神行動医科学

I　はじめに

はじめに本稿で使用する妬み（envy）と嫉妬（jealousy）という用語の定義をしておきたい。両者は日常的には区別なく使用されているが，これは英語圏でも同様である。しかし，心理学や関連する分野では両者は異なる感情として扱われることがある。両方において日本語の単語が英語の単語と対応しているわけではないが，本稿では便宜上，妬みはenvyに対応し，嫉妬はjealousyに対応するものとする。両者の違いを簡潔に説明すれば，妬み（envy）は登場人物が2人ないしは2つの集団で成立するのに対し，嫉妬（jealousy）は3人の人物を要するということになる。嫉妬には男女間の性的嫉妬や兄弟姉妹間の同胞嫉妬がある。男女間の嫉妬は説明するまでもなく，男女のカップルと恋敵の別の男性（女性）が必要となる。同胞間の嫉妬とは，発達心理学で扱われるテーマである。幼児を持つ母親に新たに乳児が生まれたとき，母親の注意はより手のかかる乳児に向く。上の子である幼児は下の子である乳児に母親を独り占めされたと嫉妬を感じ，母親の気を引こうと赤ちゃんがえりしたりする。この場合も3人の人物が登場し，嫉妬は，重要な人間関係が第三者によって脅かされる状況に抱く感情と定義できる。本稿では，このうち妬みについてのみ触れることにする。嫉妬（jealousy）に関しては，筆者の過去の報告を参考されたい（Takahashi et al., 2006）。

II　妬みの構造

妬みは洋の東西を問わず，悪い感情で慎むべきものとされる。Bertrand Russellも妬みは人間の性質のなかで最も不幸なものであり，なぜならば，自分の所有しているものから喜びを感じるのではなく，他人の所有しているものから苦痛を感じるためだとしている。仏教でも煩悩のひとつに嫉（しっ）というものをあげている。妬みは他人が自己より優れた物や特性を有している場合に，苦痛，劣等感，敵対心を伴う感情である。ただ，他人が自己より優れたものを有しているだけでは不十分であり，その比較の対象の物や特性が自己と関連性が高いか否かが妬みの強さを決定する。例えば，自分がヨーロッパの自動車好きで，知人がヨーロッパの高級スポーツカーを何台も所有していたら，その知人のことを妬ましく思うかもしれないが，自動車に関心のない人間にとっては，それほど強い妬みは生じないであろう。

この点を踏まえて，筆者らは，妬みの脳内基盤を検討するために大学生を対象に次のような実験を行った（Takahashi et al., 2009）。被験者にははじめに被験者本人が主人公であるシナリオを読んでもらった。主人公は大学生4年生で就職を考えている。本稿では説明のために，被験者と主人公は男性とする（女性の被験者には主人公が女性で性別を入れ替えたシナリオを用意した）。就職には学業成績やクラブ活動の成績が重視されるが，主人公はいずれも平均的である。そのほかに経済状況や異性からの人気など平均的な物や特性を有している。シナリオには被験者本人以外に，3人の登場人物が登場する。男子学生Aは被験者より優れた物や特性（学業成績，所有する自動車，異性からの人気など）を多く所有しており，かつ自己との関連性が高く，被験者と同性で，進路や人生の目標や趣味が共通である。女子学生Bも被験者より優れた物や特性を所有しているが，学生Aと異なり自己との関連性が低く，被験者と異性で，進路や人生の目標や趣味は全く異なる。女子学生Cは被験者と同様に平均的な物や特性を所有していて，かつ異性で自己との関連はやはり低い。機能的MRI（fMRI）実験1では，3人の学生のプロフィールを提示したときの脳活動をfMRIで検討した。筆者らの予想通り，被験者の妬みの強さは学生Aに対して最も高く，学生Bがその次に続き，学生Cに対してはほとんど妬みに感情は抱かなかった。それに対応するように，学生Cと比べて，学生A，Bにおいて背側前部帯状回がより強く賦活し（図1），かつ学生Aに対する背側前部帯状回の活動は学生Bに対するものより強かった。これは個人内で妬みを強く感じたときに背側前部帯状回の活動が高いことを意味する。また，個人間の検討では，妬みの強い被験者ほど，背側前部帯状回の活動が高いという相関関係も観察された。

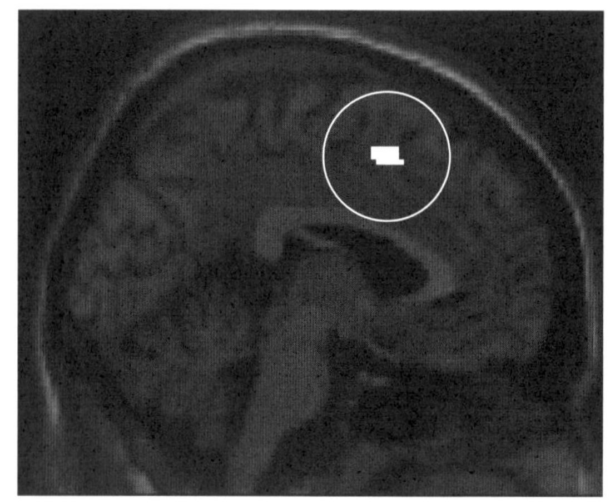

図1　妬みに関連する背側前部帯状回の活動

III　他人の不幸は蜜の味

私たちは通常は，他人に不幸が起こると同情したり，心配したりする。しかし，妬みの対象の他人に不幸が起こると，その不幸を喜ぶといった非道徳な感情を抱くことがある。そこで，fMRI実験1に引き続き，被験者はfMRI実験2に参加し，そのなかで，実験1で最も妬ましい学生Aと最も妬ましくない学生Cに不幸（自動車にトラブルが発生する，おいしい物を食べたが食中毒になったなど）が起こったときの脳活動をfMRIにて計測した。その結果，学生Aに起こった不幸に関しては，中等度のうれしい気持ちが報告されたのに対して，学生Cに起こった不幸にはうれしい気持ちは報告されなかった。それに対応するように学生Aに起こった不幸に対して線条体の活動（図2）を認めたが，学生Cに起こった不幸に対してはそのような活動は認めなかった。また，不幸に対するうれしさの強い被験者ほど，線条体の活動が高いという相関関係も見出された。さらに実験1で妬みに関連した背側前部帯状回の活動が高い人ほど，他人の不幸が起きたときの腹側線条体の活動が高いという相関関係も認められた。

妬みは心の痛みを伴う感情であるが，身体の痛みに関係する背側前部帯状回が心の痛みの妬みにも関与していることは興味深い。妬みの対象の人物に不幸が起こると，その人物の優位性が失われ，自己の相対的な劣等感が軽減され，心の痛みが緩和され，心地よい気持ちがもたらされる。線条体は報酬系の一部であり，物質的な報酬を期待したり，得たときに反応することはわかっていたが，妬んだ他人に不幸が起こると他人の不幸は蜜の味といわれるように，あたかも蜜の味を楽しんでいるような反応が確認され，物質的な喜びと社会的な喜びの脳内過程も共通する面が多いことがわかってきている（Lieberman & Eisenberger, 2009）。

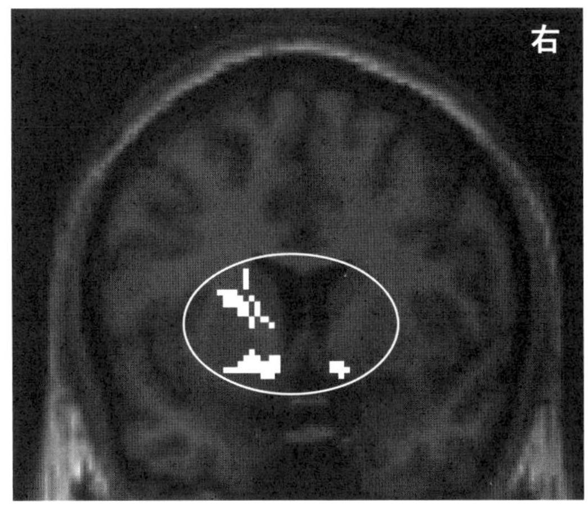

図2　妬ましい他人に不幸が起きて喜んでいることに関連する腹側線条体の活動

IV　妬みの機能

妬みは洋の東西を問わず悪い感情で慎むべきものとされると述べたが，それは妬みが他人の不幸を望んだり，喜んだり，さらには実際に悪意をもって他人に不幸をもたらそうとする動機となり，迷惑行為，犯罪行為といった非道徳で非生産的な行動に結びつくためとも考えられる。妬みの構造を考えた際に，妬みという心の痛みを軽減するには妬みの対象となる他人の自分に対する優位性が失われればよいわけで，その他人の足を引っ張るなどの行為で相手の優位性を低減すれば妬みは軽減する。こうした非生産的な痛みの解消法が強調されるので，妬みは悪い感情とみなされる。しかし，本当に人間にとって害ばかりで，不必要な感情や脳機能であれば，人間の長い進化のなかで淘汰されてきても不思議ではない。こうした感情は人間にとって何か有益な機能だからこそ備わっているのではないかと考えられないだろうか。妬みという心の痛みを軽減するには，妬みの対象となる他人の自分に対する優位性が失われればよかったわけで，そのために質の高い物や特性を得ようと自分が向上するための努力をすることの動機になる。同時に，妬みの構造を再度考えると，たとえ相手が優れた物を有していても，それが自分に関連しなければ強い妬みは抱かない。狭い視野や目先の事象にとらわれ，相手の優れた面と同じ土俵や分野で比較するのではなく，広い視野で長いタイムスパンでその妬みの対象の人物にはない良さを自分に見出そうとして，自分の新たな可能性を模索することにつながる。前者の痛みの解消法は垂直方向に建設的で，後者の解消法は水平方向に建設的といえる。

最近，さすがに見直されてきているようであるが，少し前まではゆとり教育といって生徒に劣等感を抱かせないために，運動会のかけっこで順位をつけなかったり，成績も相対評価ではなく絶対評価としているところがあったと聞く。敗者，弱者に配慮をすることはもちろん重要であり，過剰に競争をあおったりする必要もないが，学童期にかけっこで負けるぐらいの劣等感や挫折感も抱かせず，妬みの感情も抱かせなかったら，はたして子どもに，もっと練習して早く走りたいとか，代わりに水泳を頑張ろうといった向上心，探究心が育まれるのか疑問を抱かざるを得ない。建設的な心の痛みの解消法を十分に身につけないまま，大人の社会に入り，必然的に劣等感や挫折感を味わったとき，他人の足を引っ張るなどといった非生産的で時には破壊的な方法でしか心の痛みの解消をできないのではないかと心配してしまうのは筆者だけであろうか。

V　精神科臨床と妬み

冒頭に妬みと嫉妬の違いについて説明した。後者は精神医療において，嫉妬妄想，病的嫉妬という症状や状態に直接関連し，パートナー間の暴力やストーカーなどの犯罪行為にもつながることがある。嫉妬妄想・病的嫉妬が極端になるとオセロ症候群（パートナーが不貞行為をしているのではないかと常に嫉妬にさいなまれ，最終的には逆説的に，愛すべきパートナーを傷つけたり，殺してしまい，自身も自殺をすることもある状態）に発展する。一方，精神医療において，前者の妬みが深く精神病理にかかわる病態はあるだろうか。これに示唆を与える海外のfMRI研究を紹介する。対象は若い女性で，美しいデザインの物品と美しいモデルのスリムな体型を見せたときに，後者を見たときに，女性は不安を感じ，著者らが妬みに関連して報告した背側前部帯状回が賦活した（Friederich et al., 2007）。この研究ではネガティブな感情として不安と表現しているが，モデルほどスリムでないと比較して，ネガティブな感情を抱いていることから妬みの要素もあると考えられる。そこで，筆者らは，神経性やせ症の女性患者には体型だけでなく，全般的に妬みあるいは不公平に対する反応が過剰ではないかと考え，行動経済学の手法を用いて，お金の分配に関する経済ゲームを行った。使用したのは最後通牒ゲームで，お金を２人のプレーヤー（提案者と受領者）に分かれる。例えば，提案者が1,000円を預かり，一方的に，1,000円を２人でどのように分配するか受領者に提案できる。受領者がその提案を受け入れると提案通りに分配されるが，受領者が拒否をするとお互いゼロ円となって終了する。受領者の立場のときは，健常者は1,000円のうち，150円程度まで少ない提案をされると拒否をするのに対して，神経性やせ症の患者は，250円程度でもすぐに拒否をした。つまり，不公平な提案に対してより敏感で，言い換えれば，相手が多く得ようとしていることへの妬みが高いと言える。反対に，提案者の立場のときは，健常者は1,000円のうち，300程度の提案をするのに対して，神経性やせ症の患者は，400円程度の提案をした。やはり，不公平に対して敏感とは言えるが，今度は，自分が多く得ようとする罪責感が強いと言える（Isobe et al., 2018）。

このように妬みも，精神科の臨床ではその病態を理解するうえで，重要な感情であると言えそうである。今後，脳科学や最後に紹介した行動経済学の手法を用いて，主観的な感情を客観的，定量的に評価し，精神科臨床に役立っていくことが期待される。

▶文献

Friederich HC, Uher R, Brooks S, Giampietro V, Brammer M, Williams SC, Herzog W, Treasure J & Campbell IC（2007）I'm not as slim as that girl : Neural bases of body shape self-comparison to media images. Neuroimage 37-2 ; 674-681.

Isobe M, Kawabata M, Murao E, Noda T, Matsukawa N, Kawada R, Uwatoko T, Murai T, Noma S & Takahashi H（2018）Exaggerated envy and guilt measured by economic games in Japanese women with anorexia nervosa. BioPsychoSocial Medicine 12 ; 19.

Lieberman MD & Eisenberger NI（2009）Pains and pleasures of social life. Science 323(5916) ; 890-891.

Takahashi H, Kato M, Matsuura M, Mobbs D, Suhara T & Okubo Y（2009）When your gain is my pain and your pain is my gain : Neural correlates of envy and schadenfreude. Science 323(5916) ; 937-939.

Takahashi H, Matsuura M, Yahata N, Koeda M, Suhara T & Okubo Y（2006）Men and women show distinct brain activations during imagery of sexual and emotional infidelity. Neuroimage 32-3 ; 1299-1307.

[特集] 感情の科学――リサーチマップとアプローチガイド

羞恥・健康

社会心理学と感情

樋口匡貴 Masataka Higuchi
上智大学総合人間科学部心理学科

I　羞恥とは何か

1　恥と羞恥

私たちは日常生活のなかでしばしば恥ずかしいという感情を感じる。この感情は羞恥（embarrassment）と呼ばれる。羞恥とは，自らの期待とは異なり，現実または想像上の他者から望ましくない評価を受けることへの懸念が増加するような出来事があった際の驚き，格好悪さ，気まずさ，後悔の状態と定義される。類似した感情として恥（shame）がある。社会心理学的な観点からこれらの感情を検討した樋口（2005）は，日本では恥と羞恥がいずれも「恥ずかしい」という同一の言語で表現されていることに注目し，大まかには両感情はひとまとめに考えることができると指摘している。臨床心理学領域においては，恥がより注目されてきたように思うが（たとえば，北山（1996）），本稿では上記の指摘に基づき，羞恥と健康に関する社会心理学的知見を紹介する。

2　羞恥の生起メカニズム

羞恥の生起には，いくつかの認知的評価がかかわっている。この整理を試みた研究（たとえば，樋口ほか（2012））によると，羞恥の生起にかかわる認知的評価には，社会的評価への懸念（例：他の人が私のことをどのように評価するか気がかりだ），自己イメージとの不一致（例：私が普段もっている自己イメージとは異なる），相互作用の混乱（例：他者に対してどのように行動すべきか混乱してしまう），自尊心の低減（例：自分はだめな人間だと感じる）の4種類があるという。そしてこれらの認知的評価のいずれかあるいは複数が羞恥の発生状況に応じて働き，それが羞恥を発生させることになる。つまり羞恥がなぜ生じるのかについては，状況における認知的評価が重要となるが，状況に応じてどの認知的評価が重要になるかは異なるのである。

II　羞恥による健康行動の阻害

1　医療サービスの利用と羞恥

さて，ここからは羞恥と健康に関する研究を見ていく。まず健康にかかわる羞恥の研究として，Consedine et al.（2007）による医療サービス利用時の羞恥の研究が挙げられる。個人の健康および公衆衛生にとって，医療サービスの適切な利用は重要である。しかし羞恥が障壁となり医療サービスが利用されない場合があると，Consedine et al.（2007）は指摘している。そして，医療サービ

表 医療羞恥尺度の項目例（Consedine et al.（2007）より筆者が翻訳）

身体的羞恥（bodily embarrassment）
● 自分の身体機能について医師や看護師に伝えないといけないとき，気恥ずかしさを感じる
● 医師や看護師が私に触るとき，恥ずかしく感じる
● 医師による身体の診察は恥ずかしい
ネガティブな社会的判断への恐れ（concern about negative social judgement）
● 健康に問題があったときに医師に叱られたらどうしようと心配になる
● 病気になったときには，私自身が何か間違ったことをしたに違いないと感じる
● 医師による治療法の説明が理解できなかったとき，屈辱的に感じる
● 医師に対して，もう一度説明してくれるように頼んだり，理解できるような言葉を使ってほしいと頼むことは難しい

ス利用時の羞恥を包括的に理解するために，医療羞恥尺度を作成した。この尺度は身体的羞恥とネガティブな社会的判断への恐れの2下位尺度から構成されていた(表)。そしていずれの下位尺度も，過去の全般的な医療サービス利用の回避と正の相関があり，さらに性に関連した医療サービス（肛門科，泌尿器科，婦人科など）の利用と負の相関があることが示された。

また羞恥が健康行動を阻害するという研究は，特に検診の受診に関して多く検討されている。

小林ほか（2006）は，乳がん女性外来患者を対象にした面接調査をもとに，乳がん検診の受診行動の促進／阻害要因を検討している。対象者の体験に基づいた回答を分類した結果，自分とは無縁の疾患だという思い込み，疾患についての知識不足といったものに加え，触診への嫌悪という阻害因子が見出されている。この触診への嫌悪は検査への羞恥に代表されるものであり，具体的には「触診があったりとか～お医者さんってだいたい男のほうが多いですよね，ですからやっぱり嫌でした」「他人の前で裸になるわけですよね，そういうことに抵抗があるだけ」といった発言によって構成される因子であった。

乳がん検診と羞恥に関する研究は諸外国においても数多く行われている。韓国人女性328名を対象にマンモグラフィ利用の阻害因を検討した研究（Kang et al., 2008）では，全体の8.7%がマンモグラフィを利用しない理由として羞恥を挙げていた。この数値は一見すると高くないようにも思えるが，X線や検査結果への不安（7.6%）や不快感や痛み（3.8%）といった感情的な理由のなかでは最も高く，必要性や症状の不在（30.6%），コスト（18.8%）などの物理的・環境的理由に次ぐものであった。

また，いくつかの人種・民族から構成される1,364名の女性（50～70歳代）を対象に，マンモグラフィ利用における感情的な特徴を明らかにしようと試みたConsedine et al.（2003）では，マンモグラフィ利用時の羞恥がその利用を抑制することが示された。さらに，その羞恥は人種・民族によって程度が異なることが示され，検診の対象者に応じて対応のやり方を変える必要性が指摘されている。

このほかにも，子宮頸がん検診（Cheng et al., 2010；Wall et al., 2010）や直腸がん検診（Farraye et al., 2004），睾丸がん検診（Gascoigne et al., 1999）といった種々の検診受診行動や，失禁対策の医療サービス利用（Hägglund et al., 2003），歯医者の利用頻度（Berggren et al., 1995）といったさまざまな医療サービスの利用が，羞恥によって阻害されることが示されている。

2 コンドームと羞恥

羞恥との関連で注目すべき重要な健康行動のひとつが，コンドームの適切な使用である。多くの性感染症予防にとって，コンドームの適切な使用は重要である。しかしこのコンドーム使用が羞恥によって阻害されることが示されている。

Helweg-Larsen & Collins（1994）はUCLA多次元コンドーム態度尺度を作成し，コンドームへの多様な態度を整理した。5種類の下位尺度のうち，「コンドーム購入時の羞恥」と「コンドーム使用・使用交渉時の羞恥」の2下位尺度が羞恥に関するものであった。さらにコンドーム購入時の羞恥は男性の過去のコンドーム使用頻度と負の関連があり，コンドーム使用・使用交渉時の羞恥は男女双方の将来のコンドーム使用意図と負の関連があることが示された。

コンドーム購入や使用時の羞恥が，コンドームの購入や使用の頻度や行動の意図を抑制することがさまざまな研究で確認されている（たとえば，Dahl et al.（1998））。さらに一歩踏み込んで，その羞恥がどのようなメカニズムで生じるのかを検討した研究も存在する。樋口・中村（2009）は，「ドラッグストアやコンビニエンスストアでコンドームを買うとき」を想定させた場面想定法の調査によって，コンドーム購入時の羞恥には，男女ともに“どのように振る舞ったらよいか混乱してしまう”といった行動指針の不明瞭さをあらわす「相互作用混乱」と，店員や他の客からの評価を懸念する「社会的評価懸念」の2つの認知的評価が強くかかわっていることを示した。また，樋口・中村（2010）は，「セックスの際にコンドームを使用するとき（コンドームの使用を依頼・交渉するとき）」を想定させた調査によって，コンドーム使用・使用交渉時の羞恥には，男性の場合にはパートナーからの評価を懸念する「社会的評価懸念」が，女性の場合にはどのように振る舞ったらよいかわからなくなってしまう「相互作用混乱」が，それぞれ強くかかわっていることを示した。こういった生起メカニズムの検討は，次に述べるような羞恥の低減策の開発につながる。

III 羞恥の克服

健康行動を阻害する羞恥を取り除き（あるいは克服し），適切に健康行動をとることができるようにするにはどうすればよいのだろうか。

樋口・中村（2018）は，コンドーム購入時の羞恥の低減およびコンドーム購入行動の増加を目指

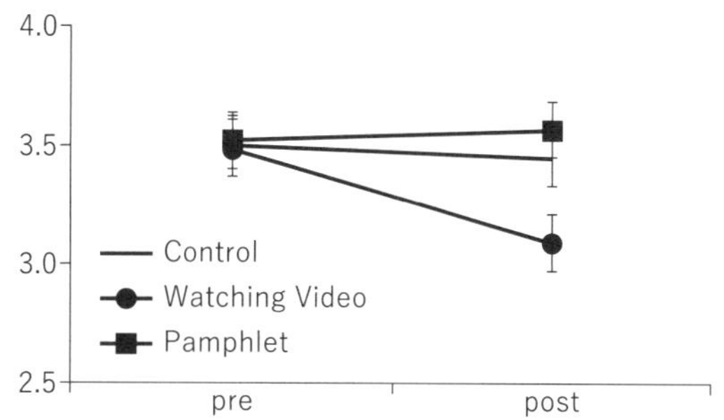

図 ビデオ視聴法によるコンドーム購入トレーニングを通じた羞恥感情の低減（樋口・中村，2018）

した介入方法を開発している。インターネット経由でビデオを視聴させるこのトレーニングでは，まずおどおどしながらコンドームを購入している人物の様子を視聴させたのち，堂々とコンドームを購入している人物の様子を視聴させる。このビデオを視聴していない群および従来利用されてきたパンフレットを閲覧させた群に比較して，このビデオを視聴した群は視聴直後の羞恥が低減し，また介入直後，2カ月後，1年後におけるコンドーム購入の自己効力感が増加していた（図）。

この介入研究は，上記のコンドーム購入時の羞恥感情の生起メカニズムを検討した樋口・中村（2009）の知見をもとにしている。この知見では，コンドーム購入時の羞恥は，どのように振る舞ったらよいか混乱してしまう「相互作用混乱」と，店員や他の客からの評価を懸念する「社会的評価懸念」の2つの認知的評価が強く影響していた。ビデオにおいておどおどと購入する人物および堂々と購入する人物を見せることによって，どのような行動がどのような社会的評価を得るのかを客観的に体験することができ，堂々と購入することがネガティブな評価にはつながらないことを確認することができる。これは社交不安障害への治療法としても知られているビデオフィードバック法（Clark & Wells, 1995）の応用である。さらに購入の様子をビデオで見せることは，その場での振る舞い方に関する手続き的な知識を提供することとなり，相互作用の混乱を防ぐことにつながる。

羞恥の生起メカニズムを踏まえたこうした介入方法が有効であったことは，注目すべき点である。羞恥がさまざまな健康行動を阻害する以上，その羞恥を克服する手助けをすることは重要である。健康行動の種類に応じて発生する羞恥の生起メカニズムは異なる可能性がある。これらを基礎的な研究によって明らかにすることが今後の第一の課題であろう。そしてそのうえで，そのメカニズムを踏まえた適切な介入を開発・実践していくことが，臨床心理学においても重要な課題になっていくだろう。

▶文献

Berggren U., Carlsson SG, Gustafsson JE & Hakeberg M（1995）Factor analysis and reduction of a Fear Survey Schedule among dental phobic patients. European Journal of Oral Sciences 103 ; 331-338.

Cheng H, Chao A, Liao M et al.（2010）An exploration of Papanicolaou smear history and behavior of patients with newly diagnosed cervical cancer in Taiwan. Cancer Nursing 33 ; 362-368.

Clark DM & Wells A（1995）A cognitive model of social phobia. In : RG Heimberg, MR Liebowitz, DA Hope & FR Schneier（Eds）Social Phobia : Diagnosis, Assessment, and Treatment. The Guilford Press, pp.69-93.

Consedine NS, Krivoshekova YS & Harris CR（2007）Bodily embarrassment and judgment concern as separable factors in the measurement of medical embarrassment : Psychometric development and links to treatment-seeking outcomes. British Journal of Health Psychology 12 ; 439-462.

Consedine NS, Magai C & Neugut AI（2003）The contribution of emotional characteristics to breast cancer screening among women from six ethnic groups. Preventive Medicine 38 ; 64-77.

Dahl DW, Gorn GJ & Weinberg CB（1998）The impact of embarrassment on condom purchase behavior. Canadian Journal of Public Health 89 ; 368-370.

Farraye FA, Wong M, Hurwitz S et al.（2004）Barriers to endoscopic colorectal cancer screening : Are women different from men?. American Journal of Gastroenterology 99 ; 341-349.

Gascoigne P, Mason MD & Roberts E（1999）Factors affecting presentation and delay in patients with testicular cancer : Results of a qualitative study. Psychooncology 8 ; 144-154.

Hägglund D, Walker-Engström ML, Larsson G & Leppert J（2003）Reasons why women with long-term urinary incontinence do not seek professional help : A cross-sectional population-based cohort study. International Urogynecology Journal 14 ; 296-304.

Helweg-Larsen M & Collins BE（1994）The UCLA multidimensional condom attitudes scale : Documenting the complex determinants of condom use in college students. Health Psychology Journal 13 ; 224-237.

樋口匡貴（2005）恥の発生―対処過程に関する社会心理学的研究．北大路書房．

樋口匡貴，蔵永瞳，深田博己ほか（2012）非典型的状況における羞恥の発生メカニズム―ネガティブな行為が含まれない状況に関する検討 19 ; 90-97.

樋口匡貴，中村菜々子（2009）コンドーム購入行動に及ぼす羞恥感情およびその発生因の影響．社会心理学研究 25 ; 61-69.

樋口匡貴，中村菜々子（2010）コンドーム使用・使用交渉行動意図に及ぼす羞恥感情およびその発生因の影響．社会心理学研究 26 ; 151-157.

樋口匡貴，中村菜々子（2018）ビデオ視聴法によるコンドーム購入インターネットトレーニングの効果．日本エイズ学会誌 20 ; 146-154.

Kang HS, Thomas E, Kwon BE et al.（2008）Stages of change : Korean women's attitudes and barriers toward mammography screening. Health Care for Women International 29 ; 151-164.

北山修（1996）日本語臨床 1 恥．星和書店．

小林志津子，斉藤繭子，片岡明美ほか（2006）日本人女性の乳癌検診受診行動の促進要因と阻害要因の検討．日本乳癌検診学会誌 15 ; 69-74.

Wall KM, Rocha G, Salinas-Martínez A et al.（2010）Modifiable barriers to cervical cancer screening adherence among working women in Mexico. Journal of Women's Health 19 ; 1263-1270.

［特集］感情の科学——リサーチマップとアプローチガイド

スポーツパフォーマンスと感情

精神生理学からのアプローチ

手塚洋介 Yosuke Tezuka
大阪体育大学体育学部

I　アスリートのパフォーマンスと感情

> ストレスをどう解消するかは，選手に最優先に求められる能力のひとつだ。今日の生活はストレスとは不可分で，それをコントロールするのは同時に感情をコントロールすることでもある。ピッチの上で相手に相対したときも同じで，あらゆる状況で感情をセルフコントロールできる選手だけが成功を得られる。　（田村，2008）

世界有数のサッカー指導者で，かつて日本代表の監督を務めたOsimはこう述べている。アスリートは常に自身のパフォーマンスを最大化することが求められ，それには感情を理解し，制御することが不可欠となる。試合などの重要な場面での実力発揮（ピークパフォーマンス）であったり，日常の練習などにみられる継続的な状況下でのスキル学習や心身のコンディショニング（疲労と回復，傷害などに関連して）であったりと，感情はさまざまな場面でのパフォーマンスと密に関わる。本稿では，試合などでの実力発揮と強く関わる感情に焦点を当て，パフォーマンスとの関係について考察する。

II　感情の精神生理学

パフォーマンスに影響を及ぼすような感情とは，強度が強く，生理的変化を伴うものである。感情には，身体の状態を変化させることで，自身にとって最適となる行動を導く機能が備わると考えられている（Levenson et al., 2017）。アスリートのパフォーマンスと感情との関係を理解するには，こうした感情の身体性を考慮した検討が重要であり，精神生理学的アプローチが有用となる。心理学的観点に加えて生理学的観点も重視した取り組みは，感情と行動（パフォーマンス）の関係を理解するうえで不可欠な生理学的基盤に関する知見を提供しつづけている。

図は，典型的な感情喚起過程である（手塚，2017）。この図に示されているように，中枢神経系にみられる生理活動を介して，環境情報の認知的処理がなされたり，それを反映した感情状態が作り上げられたりする。また，随伴する感情反応は，中枢神経系に加えて末梢神経系，内分泌系および免疫系などの諸活動に現れ，これらの生理活動を伴って環境に応じた行動（パフォーマンス）が生じることとなる。以降はこうした基本過程をもとに，アスリートのパフォーマンスと感情との

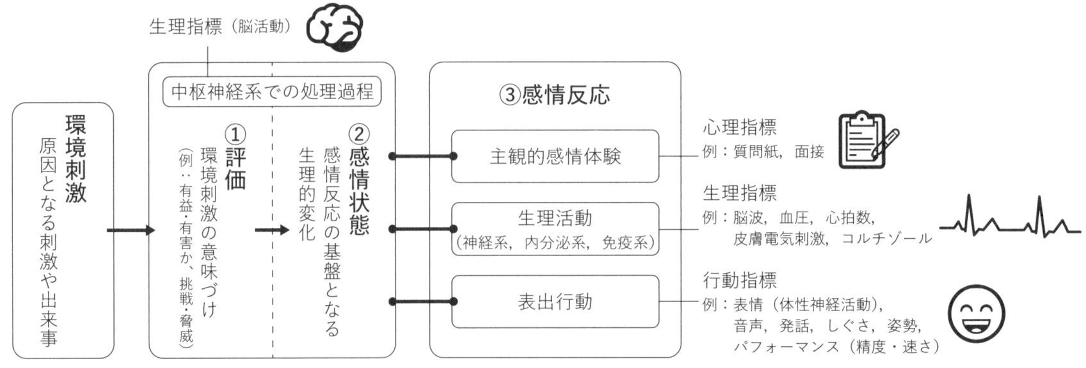

図　典型的な感情喚起過程（手塚（2017）を一部改変）

関係を，心臓血管系精神生理学の観点を取り入れながら考察したい。

III　実力発揮に関わる感情

Osim の言葉にみられるような，アスリートのパフォーマンスにおける感情の役割や感情制御の重要性を示した説明モデルとして，「ヤーキース・ドットソンの法則」をスポーツパフォーマンスに援用し，緊張という個別感情に焦点を当てた，逆U字図式がある。この関係図式は，適度な緊張感をもつことが実力発揮において重要であること，また，緊張の制御不全がパフォーマンスの不調をもたらすことなどを端的に示したものである。直感的・経験的にも理解しやすいことから，スポーツ心理学のテキストだけでなく一般向けの書籍やメディアにおいても頻繁に取り上げられている。感情とパフォーマンスとの関係を説明したもっとも有名なモデルといえよう。しかし，本来は神経系の活動（いわゆる生理的覚醒）として扱うべきものを主観的な覚醒観（しかも緊張という個別感情）に置き換えていること，また，仮に生理的覚醒と主観的覚醒を同義に扱えたとしても，感情の次元構造を鑑みると覚醒という単一次元では感情の全体像がとらえられないなど，この図式には複数の問題が存在しうる。

これらの問題を解決するうえで有用なのが，Russell（1980）を起源とする感情の次元説を参照すること，すなわち覚醒次元に加えて，快（ポジティブ）と不快（ネガティブ）の両極からなる誘意性次元を考慮することである。逆U字図式では，ある水準以上の高覚醒状態はパフォーマンスを悪化させるとされるが，これは不快かつ高覚醒の状態が想定されての解釈である。アスリートは時に快かつ高覚醒の状態を求めることがあり，必ずしも覚醒水準が高いことがパフォーマンスに悪影響を及ぼすとは限らない。同様に，ある水準以下の低覚醒状態も好ましくないとされるが，快を伴う低覚醒状態はいわゆるリラックスした状態を含んでおり，やはり必ずしも悪とは限らない。

スポーツパフォーマンスと感情との関係を次元的観点から理解することは，アスリートの感情制御に関する知見を深め，介入法の開発にも利点を有するものと期待できることから，今後のさらなる検討が求められている（手塚，2019）。

IV　評価過程と心臓血管反応への注目

快不快の感情を考慮することは，異なる感情がどのようにして生じるのかという問題に絡んで，評価過程の役割を検討する必要性にも目を向けさせる。近年のスポーツ心理学ではパフォーマンスにおける評価の役割に注目する立場が台頭しはじめており，直面する状況を挑戦または脅威と評価するかに応じて，快不快の感情やそれに伴う自律神経活動（特に心臓血管反応）に差異が生じ，結果としてパフォーマンスの好不調がもたらされると考えられている（Gardner & Salle, 2006；Jones et al., 2009）。これらは，Lazarus & Folkman（1984）のストレスの認知的評価理論を基軸とし，状況を挑戦的または脅威的と評価するかに応じて心臓血管系における血圧昇圧機序（血行動態）が分化することを見出したBlascovichらの一連の研究成果を土台としている。

Blascovich & Mendes（2000）が提唱したのが，挑戦脅威に関する生物心理社会モデル（挑戦脅威評価モデルともいう）である。直面する状況からの要求（課題要求）と個人の資源（対処可能性）に関する評価のバランスによって状況への意味づけが規定されるとし，個人の資源が状況からの要求を上回ると評価することを挑戦評価，逆に自己の資源を超えるほどの要求が状況下に存在すると評価することを脅威評価と，それぞれ定義した。挑戦評価は状況をポジティブなものととらえることで能動的な関与を高め，βアドレナリン作動性交感神経活動を介した心臓活動の亢進（心拍数や心拍出量等の増加）を促すのに対し，脅威評価がなされる事態では自己の資源では対処が困難なために受動的となり，αアドレナリン作動性交感神経活動を介した血管活動（血管抵抗）が亢進することを，複数の実験から見出したのである（詳細は，手塚（2018）を参照）。挑戦脅威評価と心臓血管系血行動態の対応関係の概要を，Blascovich et al.（2003）をもとに表に示す。

挑戦評価には，状況への能動的な関与を促し，心拍出量（心臓から全身に拍出される血液量）の増大にみられるような，パフォーマンスに必要なエネルギー動因を高める機能があると考えられている（Mendes & Park, 2014；Seery, 2011）。他方，血圧においては挑戦評価のほうが脅威評価よりも反応が抑制されることから，挑戦評価は過剰な生理活動の亢進を抑制し，課題解決に質的にも量的にも適した心臓血管反応をもたらし，適切なパフォーマンスを導くものと考えられる（手塚, 2018）。Behnke & Kaczmarek（2018）は，評価に伴う心臓血管反応とパフォーマンス（スポーツパフォーマンス以外も含まれている）との関係を扱った19の研究を対象にメタ分析を実施した結果，挑戦評価は脅威評価に比べて良好な課題成績と関連することを見出し，評価過程とパフォーマンスとの関係性はおおむねモデルに合致すると報告している。

表　評価と心臓血管系の血行動態との関係
（Blascovich et al.（2003）をもとに作成）

	挑戦評価	脅威評価
血圧	↑	↑
心臓活動（全拍出量）	↑	±／↓
血管活動（全抹消抵抗）	↓	±／↑

↑：増加　↓：減少　±：変化なし
全拍出量と全抹消抵抗の算出式は以下の通り。
全拍出量＝心拍数×1回拍出量
全抹消抵抗＝平均血圧÷心拍出数

図にあるように，感情は評価を反映した半ば自動的な現象であることから，感情反応に焦点を当てるだけでは感情とパフォーマンスとの関係性の本質を理解するのは難しい。感情の次元的観点に加えて評価過程も考慮し，心臓血管反応の詳細な分析を行うことで，感情とパフォーマンスとの関係のさらなる理解につながり，実践的示唆を得ることも可能になると思われる。

Ⅴ　感情の精神生理学を活かしたパフォーマンスへの介入

精神生理学的知見を活用した介入法は，いわゆる心理学的アプローチと生理学的アプローチとに分類できよう。前者には，たとえば自身の生理反応に対する解釈の変容を促したり，客観視させたりする方法が含まれる。たとえば，試合などの重要な場面でみられる生理的覚醒の亢進は，進化の過程で獲得された闘争逃走反応を反映したものであるとの解釈がある。そこで，主観的には不安や恐れなどの不快な高覚醒状態にあったとしても，身体的には戦う準備にある点を強調して自身の生理反応を肯定的に意味づけ，挑戦評価を促すような介入を施すことで，アスリートはより好ましい状態で試合に臨むことが可能となろう（詳細は，手塚（2019）を参照)。後者の生理学的アプローチとしては，古くからバイオフィードバックが利用されており，最近もトップアスリートのサポートに効果を示すとの報告がなされている（髙井，2016，2018)。最近では，低コストで簡単に自作可能な生体計測器も開発されており（長野・吉田，2018)，生理学的な介入がより簡便に実施できる環境も整いつつある。長野らが開発した装置は，文字通り経済的コストに優れており，従来は高価な装置を利用して専門家しか実施できなかったような試みが，選手と実践家（たとえば，スポーツメンタルトレーニング指導士など）の双方に対してより身近なものとなるきっかけを与えうる。経済的に優れ，複数装置を同時に使用できることから，従来になかった集団を対象とした効率的な介入も可能になると思われる（長野・吉田（2018）には一部そうした取り組みが紹介されている)。アスリートのパフォーマンスを支えるべく，今後も基礎研究を通じた知見の集積と介入技法の開発に精神生理学アプローチが多大な貢献を果たすものと期待できよう。

▶謝辞

本稿の執筆に際して，山口大輔氏（明治安田厚生事業団体力医学研究所）と白井真理子氏（同志社大学心理学部）より資料を提供いただきました。この場を借りてお礼申し上げます。

▶文献

Behnke M & Kaczmarek LD（2018）Successful performance and cardiovascular markers of challenge and threat : A meta-analysis. International Journal of Psychophysiology 130 ; 73-79.

Blascovich J & Mendes WB（2000）Challenge and threat appraisals. In : JP Forgas（Ed）Feeling and Thinking : The Role of Affect in Social Cognition. New York : Cambridge University Press, pp.59-82.

Blascovich J, Mendes WB, Tomaka J, Salomon K & Seery M（2003）The robust nature of the biopsychosocial model challenge and threat : A reply to Wright and Kirby. Personality and Social Psychology Review 7 ; 234-243.

Gardner F & Salle M（2006）Clinical Sport Psychology. Champaign : Human Kinetics.（佐藤寛，金井嘉宏，小堀修 監訳（2018）ガードナー臨床スポーツ心理学ハンドブック．西村書店）

Jones M, Meijen A, McCarthy PJ & Sheffield D（2009）A theory of challenge and threat states in athletes. International Review of Sport and Exercise Psychology 2 ; 161-180.

Lazarus RS & Folkman S（1984）Stress, Appraisal and Coping. New York : Springer.（本明寛，春木豊，織田正美 監訳（1991）ストレスの心理学―認知的評価と対処の研究．実務教育出版）

Levenson RW, Lwi SJ, Brown CL, Ford BQ, Otero MC & Verstaen A（2017）Emotion. In : JT Cacioppo, LG Tassinary & GG Berntson（Eds）Handbook of Psychophysiolog 4th Ed. Cambridge : Cambridge University Press, pp.444-464.

Mendes WB & Park J（2014）Neurobiological concomitants of motivational states. Advances in Motivation Science 1 ; 233-270.

長野祐一郎，吉田椋（2018）低コスト生体計測器を利用した心身相関体験プログラムの実施．生理心理学と精神生理学 36 ; 53-61.

Russell JA（1980）A circumplex model of affect. Journal of Personality and Social Psychology 39 ; 1161-1178.

Seery MD（2011）Challenge or threat? : Cardiovascular indexes of resilience and vulnerability to potential stress in humans. Neuroscience and Biobehavioral Reviews 35 ; 1603-1610.

髙井秀明（2016）アスリートが求めるリラクセーション．心理学ワールド 74 ; 25-26.

髙井秀明（2018）感情をコントロールする技法．体育の科学 68 ; 249-252.

田村修一（2008）イビチャ･オシム「日本サッカーに告ぐ」. Number 29-21 ; 26-33.

手塚洋介（2017）ネガティブ感情の精神生理学的．In：鈴木直人，片山順一 編：生理心理学と精神生理学 第II巻―応用．北大路書房，pp.3-13.

手塚洋介（2018）感情制御の精神生理学―快不快の認知的評価．ナカニシヤ出版.

手塚洋介（2019）ネガティブ感情の機能と構造―緊張からみた感情の科学的理解と実践的活用に向けて．体育の科学 69 ; 570-574.

［特集］感情の科学――リサーチマップとアプローチガイド

表情読解・ノンバーバルコミュニケーション

パーソナリティ心理学と感情

藤原 健 Ken Fujiwara
大阪経済大学人間科学部人間科学科

I　はじめに

我々ヒトは社会的な生き物である。そのため，日々の多くの時間は，他者を見たり他者の声に耳を傾けたりすることに費やされる。我々が他者から得る情報の多くは非言語的（ノンバーバル）コミュニケーションに基づく（Argyle, 1972；大坊, 1998）。つまり，何が伝えられているか（言語内容）ではなく，どう伝えられているのかを読み解くことで他者について判断し，理解を深めるのである。情報の読解が正確であるとコミュニケーションは円滑に進み，読解に失敗すれば社会生活が困難になることすらある。

感情を伝える非言語的コミュニケーションの最たる例は表情である。Darwin（1872）は，ヒトの表情による感情表出は進化の過程で獲得されたものであると主張した。我々ヒトやその祖先は生存し子孫を残す過程で感情反応の恩恵を受けており（素早く生じる闘争・逃走反応など），表情による感情の伝達もその一端に位置すると考えたのである。具体的には，ヒトは進化の過程で感情経験と表情表出をつなぐ神経基盤を獲得し，特定の強い感情（情動）を感じることでこれに対応する表情筋が活性する，つまり，表情を介して感情を表出する機構を生得的に備えるようになったと説明する。そしてこれを読解する側にも同様の神経基盤が備わっていることから，他者の表情表出を見ることで感情状態を理解することができるのである。事実，他者の表情を見ると自身の表情筋も活性化し，それによって表情の理解が促進されることを示す研究も数多い（e.g. Dimberg, 1982；Hess & Fischer, 2013）。この表情による感情伝達はヒトにおいて普遍的である。Ekman & Friesen（1971）は，パプアニューギニアの文字を持たない原住民のコミュニティを訪れ，アメリカ人の表情を写真で提示したところ，原住民たちが正確に読解できたことを報告している。これを契機として，喜び，悲しみ，怒り，嫌悪，恐れ，驚きが，いわゆる「基本」情動として知られることになり，これらの表情は通文化的に表出され，また理解されることを示した（Ekman & Friesen, 1975）。

II　レンズモデル

しかし，表情読解に関する話はそこまで単純ではない。なぜなら，社会生活を営む我々ヒトは状況に沿うように表情を意図的に操作することがあるのに加えて，解読する側にも得手不得手といった個人差が存在するからである。このような送り

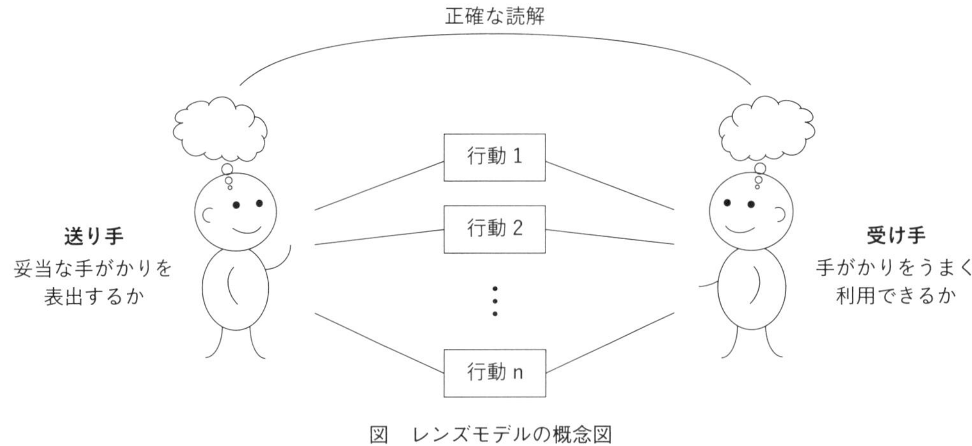

図　レンズモデルの概念図

手・受け手双方の都合により表情読解はしばしば失敗し，コミュニケーションも困難になることは日常的にも経験することであろう。非言語的コミュニケーション研究の分野では，こうした送り手・受け手間の情報伝達を示すモデルとしてBrunswik（1956）のレンズモデルを用いてきた（Bernieri et al., 1996 ; Laukka et al., 2016）。このモデルでは，送り手から発信される情報が非言語行動に媒介される形で受け手に伝わることを想定する（図）。表情に注目すると各表情筋（あるいはFacial Action Coding Systemに基づくアクションユニット（Ekman & Friesen, 1978））の活性が各行動のなかに入り，非言語的行動全般を考えるのであれば，視線やうなずき，ジェスチャー，発話などが各行動のなかに入ることになる（木村ほか，2010）。ここで重要となるのが，送り手側の失敗（妥当な手がかりを表出しない）によっても受け手側の失敗（手がかりをうまく利用できない）によっても正確な読解が阻害されうるということである。多くの基礎的研究では役者による表出などを用いた，いわゆる標準化された刺激（e.g. Japanese and Caucasian Facial Expressions of Emotion : JACFEE ／ Matsumoto & Ekman, 1988）が送り手として用いられるため，読解の正確さは受け手側に委ねられることになる。しかし，日常生活を考えた際には，送り手の失敗によっても正確な理解が妨げられることがあることは，念頭に置いておくべきであろう。

III「読み解く」はどう測る？

表情を正しく読解する，あるいは非言語的コミュニケーションを通じて他者の感情を理解するというのは，具体的にはどのようなことを指すのだろうか。言い替えると，正確さの程度はどのように測ればよいのだろうか。最もわかりやすいのは，基本情動のリストのなかから正解を判断するといった（e.g. The Japanese and Caucasian Brief Affect Recognition Test : JACBART ／ Matsumoto et al., 2000），いわば正解率を指標とするアプローチであろう。表情以外の非言語的行動を含む読解テストとしては，the Profile of Nonverbal Sensitivity（PONS ／ Rosenthal et al., 1979）やthe Multimodal Emotion Recognition Test（MERT ／ Bänziger et al., 2009），Geneva Emotion Recognition Test（Schlegel et al., 2014）などが欧米で開発されているが，これらも基本的には与えられた選択肢のなかから正解を判断する方法を採用している。こうした強制選択法（およびこれをもとにした正確さの判断）は簡潔かつ雄弁な指標であり膨大な量の研究知見が蓄積されている一方で，感情読解における実情のすべてを反映しているわけではないことは注意すべきである。日常生活を振り返ると，まず選択肢というものが存在しないし，選択肢があることで提示された表情やその他の非言語的行動を無理やり１つの感情に当てはめてしまうことにもつながる。実際，１つの表情に対する判断を１つではなく複数選択可能にすると，多くの刺激で１つ以上の選択肢が選ばれたという報告もある（Kayyal & Russell, 2013）。

より自然な形で感情読解の正確さを測定する方法としては，共感的正確さパラダイム（Ickes et al., 1990）がある。この実験方法では，まず二者による会話場面がビデオカメラで撮影される。会話後，実験参加者たちは撮影された映像を個々に視聴し，自身が会話中に考えていたことや感じていたこと，その思考や感情が生じたタイミングを具体的に記録する。これらの記録は「正解」として用いられる。そして再度会話映像を視聴し，2回目の視聴では相手の思考や感情を推測する。これを「回答」として，複数の独立した評定者が話者間の「正解」と「回答」の一致度（例：類似度）を０－１－２の３件法などで数値化し，個々の実験参加者の正確さの指標とする。このパラダイムは自然な会話を促す実験設定であるため，感情読解の正確さを考えるうえではきわめて高い生態学的妥当性を備えた研究手法であることが特長となる。しかし一方で，思考や感情が生じるたびに「正解」と「回答」を揃える必要があるため，実験にかかる時間と労力は相応なものになる。こうしたコストに鑑みると，会話後に他者から一度だけ報告された感情の評定値（正解）と他者の感情状態を推定した値（回答）との相関係数をとるような，レンズモデル的なアプローチ（Bernieri et al., 1996）も有力であろう。ただし一般的に，強制選択による回答は正解率が高くなる傾向にあり，相関的な類似性を指標とする場合には正解率は低くなる（Hall et al., 2008）。感情を読み解くと一口に言ってみても，測り方次第で正確さそのものが変わってしまうことには留意しなければならない。

Ⅳ　表情読解の正確さとその個人差

正確さの指標が各研究で異なるなかでは，表情の読解がどの程度正確なのかを俯瞰的に理解することは難しい。しかし，いくつかのメタ分析（公刊された論文や未発表のデータを分析する手法）は読解の正確さについて一定の見解を提供してくれている。Scherer et al.（2011）は，基本情動のリストに基づく強制選択法を用いた 90 の研究を分析し，喜びの表情は 91.5%の正解率になるなど，表情読解は一般に正確であったことを示している。ただし，送り手が西洋人であれば全体の判断（6 感情の平均正解率）は高い精度を示すものの（西洋人：77.8%，非西洋人：69.0%），送り手が非西洋人の場合は読解の精度が低下することも見出している（西洋人：54.3%，非西洋人：53.4%）。これに対して Hall et al.（2008）は，表情だけに限らずさまざまな刺激・異なる指標で測定された読解の正確さに対して統一的な指標を置いた（Proportion Index：pi ／ Rosenthal & Rubin, 1989）。そこでは，感情の読解については pi＝.85 という結果を得ていることから（pi＝1.0 は完璧に正確な判断で，pi＝0.5 は偶然の一致），一般的に感情の読解は正確であることが示されている。細部を見ると研究間でいくつかの齟齬があるものの，こうしたメタ分析から得られる全体的な傾向をみると，読解の正確さは偶然レベルの一致を遥かに超える程度には高いといえよう。

表情読解の個人差についても，各研究でさまざまな表情刺激が用いられ，正確さの指標が異なる場合もあることから，一概に言い切ってしまうことは現実的ではない。しかし Hall et al.（2009）は 215 の研究を対象にメタ分析を行い，外向性や誠実性，開放性が高いほど，また神経症傾向が低いほど読解が正確になることを明らかにしている。概して，対人的・社会的に開かれたパーソナリティをもつ個人ほど，読解についても正確であるということであろう。しかし日本国内で行われたある研究では，こうした関係性はみられていない（井上ほか，1990）。この実験は表情読解・感情読解研究の難しさを考えるうえで貴重な一例といえる。なぜなら，友人同士の参加者が送り手と受け手の役割を交互に担っており，読解すべき対象が標準化された刺激ではないからである。レンズモデルを用いて考えると，読解の正確さが送り手側の成否によるものか受け手側の成否によるものかが判断できないことを意味し，読解の個人差を考えるうえでも考察を非常に難しくする。しかし，こうした研究こそもっと実施され，メタ分析を経て説得力のある知見として世に広まるべきなのかもしれない。

▶文献

Argyle M（1972）Nonverbal communication in human social interaction. In : Hinde RA（Ed）Nonverbal Communication. Cambridge, UK : Cambridge University Press, pp.243-269.

Bänziger T, Grandjean D & Scherer KR（2009）Emotion recognition from expressions in face, voice, and body : The Multimodal Emotion Recognition Test（MERT）. Emotion 9 ; 691-704.

Bernieri FJ, Gillis JS, Davis JM et al.（1996）Dyad rapport and the accuracy of its judgment across situations : A lens model analysis. Journal of Personality and Social Psychology 71 ; 110-129.

Brunswik E（1956）Perception and the Representative Design of Psychological Experiments. Berkley : University of California Press.

大坊郁夫（1998）しぐさのコミュニケーション―人は親しみをどう伝えあうか．サイエンス社．

Darwin C（1872）The Expression of the Emotions in Man and Animals. London : HarperCollins.

Dimberg U（1982）Facial reactions to facial expressions. Psychophysiology 19 ; 643-647.

Ekman P & Friesen W（1971）Constants across cultures in the face and emotion. Journal of Personality and Social Psychology 17 ; 124-129.

Ekman P & Friesen W（1975）Unmasking the Face. Oxford, UK : Prentice-Hall.

Ekman P & Friesen W（1978）Manual for the Facial Action Coding System. Palo Alto, CA : Consulting Psychologists Press.

Hall JA, Andrzejewski SA, Murphy NA et al.（2008）Accuracy of judging others' traits and states : Comparing mean levels across tests. Journal of Research in Personality 42 ; 1476-1489.

Hall JA, Andrzejewski SA & Yopchick JE（2009）Psychosocial correlates of interpersonal sensitivity : A meta-analysis. Journal of Nonverbal Behavior 33 ; 149-180.

Hess U & Fischer A（2013）Emotional mimicry as social regulation. Personality and Social Psychology Review 17 ; 142-157.

Ickes W, Stinson L, Bissonnette V et al.（1990）Naturalistic social cognition : Empathic accuracy in mixed-sex dyads. Journal of Personality and Social Psychology 59 ; 730-742.

井上弥，藤原武弘，石井眞治（1990）顔面表情と音声による感情の表出・認知における個人差．心理学研究 61 ; 47-50.

Kayyal M & Russell JA（2013）Americans and Palestinians judge sponta-neous facial expressions of emotion. Emotion 13 ; 891-904.

木村昌紀，大坊郁夫，余語真夫（2010）社会的スキルとしての対人コミュニケーション認知メカニズムの検討．社会心理学研究 26 ; 13-24.

Laukka P, Elfenbein HA, Thingujam NS et al.（2016）The expression and recognition of emotions in the voice across five nations : A lens model analysis based on acoustic features. Journal of Personality and Social Psychology 111 ; 686-705.

Matsumoto D & Ekman P（1988）Japanese and Caucasian Facial Expressions of Emotion（JACFEE）and Neutral Faces（JACNeuf）. San Francisco : Department of Psychiatry, University of California.

Matsumoto D, LeRoux J, Wilson-Cohn C et al.（2000）A new test to measure emotion recognition ability : Matsumoto and Ekman's Japanese and Caucasian Brief Affect Recognition Test（JACBART）. Journal of Nonverbal Behavior 24 ; 179-209.

Rosenthal R, Hall JA, DiMatteo MR et al.（1979）Sensitivity to Nonverbal Communication : The PONS Test. Baltimore : The Johns Hopkins University Press.

Rosenthal R & Rubin DB（1989）Effect size estimation for one-sample multiple-choice-type data : Design, analysis, and meta-analysis. Psychological Bulletin Journal 106 ; 332-337.

Scherer KR, Clark-Polner E & Mortillaro M（2011）In the eye of the beholder? : Universality and cultural specificity in the expression and perception of emotion. International Journal of Psychology 46 ; 401-435.

Schlegel K, Grandjean D & Scherer KR（2014）Introducing the Geneva emotion recognition test : An example of rasch-based test development. Psychological Assessment 26 ; 666-672.

[特集] 感情の科学――リサーチマップとアプローチガイド

トラウマ

ポリヴェーガル理論と感情

岡野憲一郎 Kenichiro Okano
京都大学教育学研究科

I　はじめに

本稿では「トラウマ――ポリヴェーガル理論と感情」というテーマについて論じる。

最近のトラウマに関連する欧米の文献で,「ポリヴェーガル理論（Polyvagal theory）」に言及しないものをほとんど見ないという印象を受ける。それほどにこの理論は，トラウマ関連のみならず，解離性障害，愛着関連など，さまざまな分野に関わり，また強い影響を及ぼしている。Stephen Porges という米国の生理学者が 1990 年代から提唱しているこの理論は一体どのようなものであり，どのようにトラウマや感情の問題に関連しているのであろうか。それを論じることは簡単ではないが，輪郭だけでも印すことで，この理論が私たちに感情についての新たな見地を提供してくれる可能性を示すことができるのではないかと考える。

Porges の業績（Porges, 1997, 2003, 2007, 2011, 2017）は，従来は交感神経系と副交感神経（迷走神経）系のバランスによるホメオスタシスの維持という文脈で語られていた自律神経系に，新たな「腹側迷走神経複合体」概念の導入を行い，それを「社会神経系」としてとらえ，神経系の包括的かつ系統発生的な理解を推し進めたことにある。この腹側迷走神経複合体は，自律神経系のなかでこれまで認知されずにいたもうひとつの神経系として彼が命名して記述し，注意を喚起したものである。自律神経系でありながら，なぜこれを「社会神経系」と呼ぶかと言えば，他者との交流は身体感覚や感情と不可分であり，それを主として担っているのがこの神経系と考えられるからだ。つまり自己と他者が互いの気持ちを汲み，癒しを与え合う際に重要な働きをするのが，この腹側迷走神経複合体というわけである。そしてこの神経複合体を，従来から知られている交感神経系や背側迷走神経系（従来考えられていた迷走神経系）との複雑な関わり合いを含め包括的に論じるのが，ポリヴェーガル理論なのである。

ポリヴェーガル理論の解説に入る前に，近年の身体と感情についての一連の知見について概観しておく。

II　身体，感情，脳科学，トラウマ

私たちの認知的な活動と感情や知覚および身体感覚は，体験に際して分離しがたい形で関与している。臨床的な立場からは，一方ではうつ病などの感情障害がさまざまな身体症状を呈し，他方で

は認知的なアプローチがうつ症状や強迫症状に影響を及ぼすことが経験される。またストレスやトラウマがさまざまな身体症状を生むことも臨床例を通して体験される。いわゆる心身症や身体表現性障害は，身体科によっても精神科によっても十分に対処しきれない多くの問題を私たちに提起しつづけている。心身相関の詳細な機序は，現代の医学においてもほとんど解明されていないといっても過言ではないであろう。

そのなかで近年，心身相関の問題に関してひとつの重要な仮説を提唱したのが，脳生理学者Antonio Damasio（1994, 2003）である。彼は私たちが何らかの決断を行う際に，選択対象の価値を示すマーカー（指標）として感情や身体感覚が働くという説を提唱した。これがソマティックマーカー仮説（Damasio, 1994）である。そしてそれを生み出す脳生理学的な基盤として，Damasioは脳と身体感覚のループ（body loop）を想定する。そこでは体験に際して知性と感情との相関のなかで情報処理が行われ，またそれが将来再び起きると予測される際には，「かのような」ループ（“as if” loop）によるシミュレーションが行われるという。Damasioによればこのループは，扁桃核，腹内側前頭前野，体性感覚野などと身体感覚を結ぶ経路であり，それらが注意とワーキングメモリの機能を担う背外側前頭前野を介して連合するとされる。

Damasioが特に注目したのは，前頭葉にダメージを受けた人がしばしば適切な決断を下す能力を失うという所見である。彼は前頭眼窩皮質のなかでも特に腹内側前頭前野が損なわれた際，知能テストには影響を及ぼさないものの，ある決断を下す際に困難が生じることをアイオワ・ギャンブリング課題などを用いて見出した。これは人間が判断を行う際に，それが一見理性的で認知的なものとみなされても，そこには感情や身体感覚に基づく「虫の知らせ」が大きく関与していることの傍証とされた。

ちなみに最近の脳研究では，このボディループにおいて島皮質が重要な役割を果たしているという報告もある（梅田，2016）。梅田は感情状態と身体状態の両方の課題で，活動が共通してみられる部位が島皮質であること，その意味では感情を体験するときには身体状態も「込み」であることを指摘している。

トラウマやPTSDについての研究は，それがいかに愛着のプロセスに深く関連した生理学的（右脳的）な基盤を有するかについての知見を提供している（Schore, 2009）。トラウマ体験は一種の身体的な嗜癖のような性質を有することもあり，バンジージャンプ，サウナ浴，マラソンなどで，当初はむしろ不快を覚える行為を継続することによって快感につながるという研究（van der Kolk, 2015）が示唆的である。近年の解離に関する知見もまたトラウマと感情について理解を深めるうえで重要である。解離においては特に背側迷走神経複合体が賦活され，いわゆる凍りつき（freezing）が生じ，感情や記憶はむしろ身体レベルで保存されることになるが，このような事情について，van der Kolkは「身体がトラウマを記録する」といみじくも表現している。

III　ポリヴェーガル理論とトラウマ

Porgesの唱えたポリヴェーガル理論は，自律神経系の詳細な生理学的研究に基礎を置く極めて包括的な議論であり，上述の心身相関に関する新たな理論的基盤を提供する。自律神経は全身に分布し，血管，汗腺，唾液腺，内臓器，一部の感覚器官を支配する。通常は交感神経系と副交感（迷走）神経系との間で微妙なバランスが保たれているが，ストレスやトラウマなどでこのバランスが崩れた際に，さまざまな身体症状が表れると考えられる。その意味で自律神経に関する議論は，その全体がトラウマ理論としてとらえることもできよう。

Porgesの説を概観するならば，系統発達学的に神経制御のシステムは3つのステージを経ているという。第1段階は無髄神経系による内臓迷走神経で，これは消化や排泄を司るとともに，危機が迫れば体の機能をシャットダウンしてしまうという役割を担う。これが背側迷走神経複合体（Dorsal Vagal Comlex : DVC）の機能である。そして第2の段階はいわゆる闘争－逃避反応に深くかかわる交感神経系である。

Porges の理論の独創性は，哺乳類で発達を遂げた第3の段階の有髄迷走神経である腹側迷走神経（Ventral Vagal Comlex : VVC）についての記述にあった。VVC は環境との関係を保ったり絶ったりする際に心臓の拍出量を迅速に統御するだけでなく，顔面の表情や発話による社会的なかかわりを司る頭蓋神経と深く結びついている。私たちは通常の生活のなかで，おおむね平静にふるまうことができるが，それはストレスが許容範囲内に収まっているからだ。そしてその際は VVC を介して心を落ち着かせ和ませてくれる他者の存在などにより呼吸や心拍数が鎮まり，心が安定する。ところがそれ以上の刺激になると，上述の交感神経系を媒介とする闘争－逃避反応や DVC による凍りつきなどが生じるのである。このように Porges の論じた VVC は，私たちがトラウマに対する反応を回避する際にも，自律神経系が重要な働きを行っているという点を示したのである。

IV　腹側迷走神経系が「発見」された経緯

ところでこれほど重要な役割を果たす VVC への注目が，なぜ Porges の発見を待たなくてはならなかったのだろうか？　Porges は精神生理学的な研究を進めるなかで，彼の言う「迷走神経パラドックス」に早くから気づいていたという。このパラドックスとは，迷走神経の心臓に与える影響が，一方では呼吸性不整脈というそれ自身は生理的で健全な側面を，他方では危険な徐脈をもたらすという2つの矛盾した側面をもっているという事実であった。そして迷走神経の心臓への影響の研究が進むなかで，彼はそれを延髄の迷走神経背側運動核に発する植物的な迷走神経（爬虫類に支配的）と，延髄の疑核に発する機敏な迷走神経（すなわち VVC，哺乳類において支配的）とに仕分けすることを提案した。これがその後のポリヴェーガル理論へと発展していったのである（津田，2019）。Porges は VVC を発生初期の鰓弓（さいきゅう）由来の神経発達のプロセスから掘り起こし，それが頭蓋神経の三叉神経，舌咽神経，顔面神経，迷走神経，副神経の起始核とも深く連携することを指摘した。そしてそれが横隔膜上の器官，咽頭，喉頭，食道，心臓，顔面などを支配し，これらはいずれも情動の表現において極めて重要となる点を指摘したのである。この VVC はいわば高覚醒の状態を司る交感神経系と，低覚醒状態に関与した DVC の間に存在し，両者の間のバランスを取る役目をもつことが見出された。この理論の意義をいち早く見出して臨床に応用を試みたのは，トラウマ治療の牽引者である van der Kolk，Pat Ogden，Peter Lavine らであったといわれる。

V　情動とポリヴェーガル理論

ところでポリヴェーガル理論は，感情についてどのような知見を与えてくれるのだろうか？　そのヒントとなるのが，Porges のニューロセプション（neuroception）という概念である。知覚（perception）が意識に上るのに対して，ニューロセプションは意識下のレベルで感知されるリスク評価を伝えるものであり，身に危険が迫った場合に思考を経ずに逃避（ないし闘争）行動のスイッチを押すという役割を果たす。これは感情を含んだ広義の体感としてもとらえることができ，Damasio のソマティックマーカーに相当する概念ともいえる。そしてそのトリガーとなるものの一部は，目の前の相手の VVC を介した声の調子，表情，眼差しなどである。このように Porges にとっては自律神経系の働きと感情とのかかわりは明白である（Porges, 1997［p.72］）。

このような Porges の理論からは，感情と自律神経との関係はおのずと明らかである。人間の感情が声のトーンや顔面の表情によって表現され，また胃の痛みや吐き気などの内臓感覚と深く関与することを考えれば，それらを統括するVCCの関与は明らかであるとも言える。VCCは発達早期の母子関係における母親のそれの活動との交流を通じてはぐくまれ，発語，表情などに深く関与する。そのなかで感情体験は身体感覚や内受容感覚も複雑に絡み合って発達し，その個の自然界における生存にとって重要な意味をもつのである。

このように感情と自律神経との関係は自明であるにもかかわらず，従来はほとんど顧みられなかったとされる。その例外はW Canon（1928）であったが，彼は主として交換神経と情動の関与に着目したのみであった。このPorgesの新しい自律神経の理論により，トラウマと感情，そして身体の問題がより包括的に論じられるようになったとの観がある。

ちなみに私個人は，Porgesの理論が感情一般について明確な視点を与えているとは必ずしもいえないとも考えている。彼が主張する通り，感情や情動は適応的な意味をもって進化してきたが，動物のそれと異なり人間の感情には極めて多くの種類と広がりがある。ポリヴェーガル理論は生存の危機に関わる感情について雄弁に語る一方で，より微妙で複雑な感情についてはこの理論の域外といえるのではないか。

VI おわりに

以上，ポリヴェーガル理論における情動の理解について述べた。Porgesの論じる情動はそれが単独で語られるのではなく，トラウマ的な状況における身体と心の全体を見渡す視座のなかで論じられているという印象を受ける。彼の理論は日々進化しており，今後も精神医療に携わる私たちに多くの示唆を与えてくれることを望む。

▶文献

Cannon WB（1928）The mechanism of emotional disturbance of bodily functions. The New England Journal of Medicine 198 ; 877-884.

Damasio A（1994）Descartes' Error : Emotion, Reason, and the Human Brain. Putnam Publishing.（田中三彦 訳（2010）デカルトの誤り―情動，理性，人間の脳．筑摩書房）

Damasio A（2003）Looking for Spinoza : Joy, Sorrow, and the Feeling Brain. Harcourt.（田中三彦 訳（2005）感じる脳―情動と感情の脳科学 よみがえるスピノザ．ダイヤモンド社）

Porges SW（1997）Emotion : An evolutionary by-product of the neural regulation of the autonomic nervous system. Annals of the New York Academy of Sciences 807 ; 62-77.

Porges SW（2003）The polyvagal theory : Phylogenetic contributions to social behavior. Physiology and Behavior 79 ; 503-513.

Porges SW（2007）The polyvagal perspective. Biological Psychology 74 ; 116-143.

Porges SW（2011）The Polyvagal Theory : Neurophysiological Foundations of Emotions, Attachment, Communication, and Self-Regulation 1st Ed. W.W.Norton.

Porges SW（2017）The Pocket Guide to the Polyvagal Theory : The Transformative Power of Feeling Safe. W.W.Norton.（花丘ちぐさ 訳（2018）ポリヴェーガル理論入門―心身に変革をおこす「安全」と「絆」．春秋社）

Schore AN（2009）Attachment trauma and the developing right brain : Origins of pathological dissociation. In : PF Dell & JA O'Neil（Eds）Dissociation and the Dissociative Disorders : DSM-V and Beyond. Routledge/Taylor & Francis Group, pp.107-141.

津田真人（2019）ポリヴェーガル理論を読む―からだ・こころ・社会．星和書店．

梅田聡（2016）情動を生みだす「脳・心・身体」のダイナミクス―脳画像研究と神経心理学研究からの統合的理解．高次脳機能研究 36 ; 265-270.

van der Kolk B（2015）The Body Keeps the Score : Brain, Mind, and Body in the Healing of Trauma. Penguin Books.（柴田裕之 訳（2016）身体はトラウマを記録する―脳・心・体のつながりと回復のための手法．紀伊國屋書店）

[特集] 感情の科学――リサーチマップとアプローチガイド

神経精神分析と感情

成田慶一 Keiichi Narita
京都大学医学研究科

I 神経精神分析における感情神経科学

精神分析と神経科学を橋渡そうとする**神経精神分析**（Neuropsychoanalysis）は，主に二面的一元論（dual aspect monism）の存在論・認識論に立ち，心理学的な世界観と生物学的な世界観を融合しようとする学術領域である（Solms & Turnbull, 2016；平尾，2011；ソームズ・ターンブル，2007）。

この神経精神分析において重要な位置を担っている生物学的理論の一角が**感情神経科学**（Affective Neuroscience）（成田，2015, 2017）である。以下，この感情神経科学における「感情」について，臨床心理学や精神分析との接点を意識しながら説明を試みたい。

II 感情神経科学における感情の扱われ方

Jaak Pankseppを中心として展開してきた感情神経科学（Panksepp, 1998）は，哺乳類に共通する，脳の辺縁系を基盤とした感情システムに関する知の体系である[注1)]。これらの知見は，脳内電極刺激によって動物に快・不快を引き起こす実験に端を発している。そして，自己刺激行動や情動的反応について，刺激部位や報酬の性質などの実験条件の違いを調べることで，客観的に感情を研究する方法論が精緻化されていった。また，当初はネコで報告されていた怒り反応を，ネズミでも再現すべく実験を行うといったように，種を超える普遍性と種による違いを比較することで，進化的連続性を検証していくプロセスが積み上げられていった。その結果として，探求，恐れ，怒り，悲しみ，慈しみ，楽しみといった具合に，ひとつずつ感情に固有な神経基盤が明らかになっていったのであった。

ネズミ，イヌ，サル，ゴリラなどいくつもの種の哺乳類に関する知見をまとめ，いくつかのカテゴリー修正を経て，最終的にPankseppは，SEEKING，FEAR，RAGE，PANIC／GRIEF，LUST，CARE，PLAYの7つの基本感情[注2)]を自身の理論のなかで体系立てた（Panksepp & Biven, 2012）。

この基本感情は，学術分野によっては「自然種（natural kinds）」とも呼ばれ，基本的には進化論的な生物・人間観に立脚した考え方であり，文化・慣習・人種の違いを超えて，客観的・普遍的に数種類の感情カテゴリーが存在するという立場を取る考え方である。つまり，感情を生み出すための，DNAによって規定された神経基盤があると

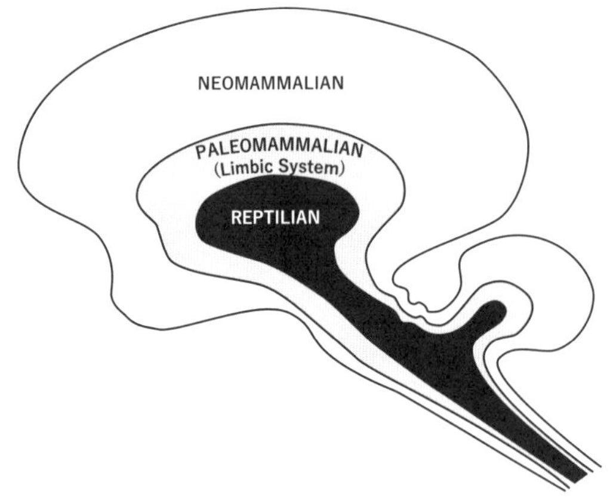

図1　MacLean の三層脳モデル

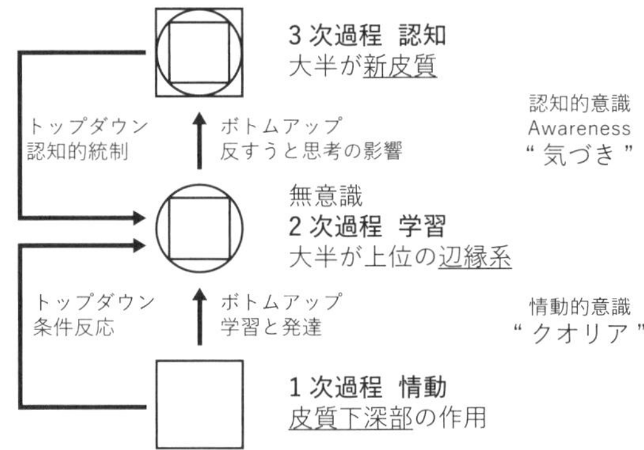

図2　入れ子階層モデル
（Panksepp（2016）Affective Neuroscience seminar より筆者訳）（成田（2017）より転載）

いう暗黙の前提があり，同一感情内では，類似した神経・生理・行動パターンが見られるという仮説に基づいている。しかしながら感情研究という学術フィールドにおいては，人間の主観的体験の一回性と多様性を重視する立場や，認知主義・社会構成主義の立場から，自然種という考え方に対してさまざまな批判もある。特に Lisa F Barrett（Barrett, 2006, 2012；Barrett et al., 2007 など）と Panksepp（2007 など）との間では，基本感情を認めるか否かについて長年激しい議論が交わされてきたが，Panksepp は，「自分は安直なモジュール論を批判してきたほうで，むしろ複雑で相互作用的であるというリアルな神経科学的世界観に立っている」と主張している（Panksepp, 2008）。

ここで，高次な認知的要素が基本感情を修飾する可能性を含んだシステムを概念化したものとして，Panksepp との共著論文のなかで Georg Northoff が示した入れ子階層モデル（Nested BrainMind Hierarchy Mode）（Northoff et al., 2011；Panksepp, 2012）を紹介したい。元々，Panksepp は Paul D MacLean（1990）の三層脳モデル（図1）を，簡略な模式化だとしながらも，MacLean の考察は緻密に読むに値すると高く評価していた。このモデルは原始爬虫類脳（protoreptilian brain ／脳幹，間脳，基底核に相当），旧哺乳類脳（paleomammalian brain ／辺縁系に相当）と新哺乳類脳（neomammalian brain ／新皮質に相当）の3層からなり，それぞれが準独立的でありながらも相互に接続されており，互いに影響を与え合うものとして提唱された（川村・小幡，1998）。

この MacLean の階層モデルをベースに，条件づけや社会学習，さらに高次機能からの統制といった，隣接領域の知見を盛り込んで，相互作用のあるダイナミックなモデルとして提唱されたのが，先述の入れ子階層モデル（図2）である。一方向に情報処理が進んでいくというモデルとは異なり，下層の機能が上層の機能に再表象され，かつ上層が下層に対してトップダウンで影響を与えると考えるので，複雑な円環的ループが形成される可能性が示されている点が特徴的である。

この入れ子階層モデルは，心理臨床や精神分析の臨床的現象を感情と関連させて，「見立て」を

注1）情類縁の用語として「情動」がある。英語では emotion，affection，feeling など。なお本稿では，学術領域によって使用法が異なるため，「感情」と「情動」を互換可能なものとして比較的広義に用いる。

注2）大文字で表記している感情システムのカテゴリー名は日常的な意味合いとともに，そこに神経基盤があることを示唆する学術用語として Panksepp が定義した表記法である。

行う際に非常に有用性が高いモデルのひとつである。Panksepp はこのモデルを「進化の過程でどのように階層が発達したのかという,脳の捉え方」であるとしている。皮質下の無意識的な感情を認め，かつ高次の認知過程との相互作用を認めるこのモデルは，臨床的援助について考える場合，取りうる介入はどのループに注目し，どのパスの影響を制御しようとするのかといったことが，モデルのなかで視覚的にも位置づけられ，基本感情に関連した作業仮説を意識化するうえで役立つからである。そのような営みは心理臨床や精神分析の実践からは外れると感じる向きもあるかもしれないが，臨床心理学的対人援助の対象が医療領域においても多様化した現在，医療スタッフとのコミュニケーションにおいても，研究の考察においても有用性が高いことは，神経精神分析に関連する臨床的報告（久保田，2017；成田，2013, 2016；Hirao et al., 2016；Farinelli et al.，2013）から明らかであろう。

III　臨床心理学や精神分析との接点

上述の感情神経科学は，臨床心理学や精神分析との接点をどのように持ちうるのだろうか。ここでの議論は，神経精神分析のキープレイヤーが寄稿して編まれた書籍“From the Couch to the Lab”（Fotopoulou et al., 2012）に所収の Solmes et al.（2012）論文の観点を中心に据えている。

1　欲動理論との接点

感情体験の基盤は，ホメオスタシスの維持へとつながる基本的な快／不快の意識状態である。これは感情神経科学的には SEEKING（探求）システムと密接に関連しているが，Solmes et al.（2012）は，これが Freud の多目的的な「欲動（libidinal drive）」の神経相関物であると考えている。

この「多目的」性は，神経精神分析の観点から注目に値する特徴である。Panksepp によれば，SEEKING システム自体は「快をもたらす可能性のあるものを探し求める，自らを駆り立てるエネルギーを与えるシステム」である。原理的には,「満足」の状態が得られるまで主体を「駆り立てる」エネルギーであり，その対象は一次的に決まっているものではない。この特徴は，Freud が想定していた「エネルギーの自由な流出」と関わる快楽原則や,「欲動」の捉え方を思い起こさせる。また,対象がさまざまな形で「置き換え」られたり,「転移」したりするという精神分析理論とも関連づけられるかもしれない。

2　罪責感と羨望の理論的位置づけ再考

また Solmes らは，罪責感（guilt）や羨望（恨み（envy））は高次感情であると定式化したうえで，精神分析理論のなかに位置づけ直すべきではないか，とも考えている。

Panksepp による基本感情の分類には罪責感や羨望は含まれておらず，これらは高次の再表象との結合による複合体とされる。精神分析における中心概念であるこれらの感情についても，生の感じ（raw feeling）を伴う生理的情動ではなく高次感情であるからこそ，無意識的罪責感や無意識的羨望が生じやすいと言えるのではないか。

3　Klein 理論との接点

さらに，Melanie Klein の理論との統合は可能だろうか？　という論点も示されている。Panksepp は不安には 2 つのタイプがあると強く主張していた。1 つ目は，分離不安や対象喪失によって生起する不安で，抑うつとの親和性が高いタイプ。2 つ目は物理身体的な尊厳が脅かされて生起する不安で，恐怖や妄想と関連するタイプ。この分類は，Klein によって提唱された 2 つのポジション論との理論的整合性が見出せるのではないか。

このように,乳幼児の観察から生まれた理論と,生物学的な実験や研究から生まれた理論とが統合される可能性を検討することは,理論の頑健性（堅牢性）のみならず，理論と実践とを橋渡す際の観点を提供することに結びつくだろう。

IV　神経精神分析という営み

精神分析の重要概念や中心理論における，基盤（bedrock）であるべきものとは何だろうか。

精神分析的な観点から理解される心的生活において，基軸となりうるエディプス・コンプレックスや去勢不安，対象関係論などは，神経システムにおける基礎的過程の複合体であると考えられる。精神分析における理論的重要度から見た「中核」や「基軸」と，生物学的な神経システム上の「基礎」や「一次」は，意味が異なるので互いに排除し合うものではない。精神分析の（主に言語的）アプローチによって，こころの構造を理解するという方法論と，神経科学的な方法論とでは，基盤に据えるものにこのような違いが出てくるが，Freud 自身が一旦は 19 世紀の神経科学を学び，臨床解剖学的方法によるアプローチを模索していた（Freud, 1981；中村，2016）ことを踏まえるならば，もし Freud が現代に生きていたら，こういった神経科学の知見をどのように自身の理論に組み入れただろう……と想像してみるのも興味深いものである。

ただし，異なるパラダイムを有する精神分析と神経科学の統合を語ることは，実際には非常に難しいことに留意すべきである。Solms & Turnbull（2016）の言うように，神経精神分析とは，精神分析の一学派ではなく，精神分析の真偽を決める最終法定でもなく，経験なき推論の集合体でもない。ここで求められる統合は，直接は見ることのできない「こころそのもの（the mind itself）」を，2 つの異なるアプローチによって記述したときに，互いに矛盾しないメタ理論を構築する営みである。

心理学の知見が現代科学的な検証に耐えうるか？　という話題が数年前に持ち上がったが，精神分析や力動的心理療法論における感情の捉え方や諸理論についても，隣接領域の知見との統合から，改定または修正されつつ，新たなメタ理論が発展することが期待される。

▶文献

Barrett FS, Grimm KJ, Robins RW et al.（2010）Music-evoked nostalgia : Affect, memory, and personality. Emotion 10-3 ; 390.

Barrett FS, Robins RW & Janata P（2013）A brief form of the affective neuroscience personality scales. Psychological Assessment 25 ; 826-843.

Barrett LF（2006）Are emotions natural kinds?. Perspectives on Psychological Science 1-1 ; 28-58.

Barrett LF（2012）Emotions are real. Emotion 12-3 ; 413.

Barrett LF, Lindquist KA, Bliss-Moreau E et al.（2007）Of mice and men : Natural kinds of emotions in the mammalian brain? : A response to Panksepp and Izard. Perspectives on Psychological Science 2-3 ; 297-312.

Cornelius RR（1996）The Science of Emotion : Research and Tradition in the Psychology of Emotions. Prentice-Hall.

Farinelli M, Panksepp J, Gestieri L et al.（2013）Seeking and depression in stroke patients : An exploratory study. Journal of Clinical and Experimental Neuropsychology 35-4 ; 348-358.

Fotopoulou A, Pfaff D & Conway MA（Eds）（2012）From the Couch to the Lab : Trends in Psychodynamic Neuroscience. Oxford University Press.

Freud S（1891）Zur Auffassung der Aphasien.（中村靖子 訳（2009）失語症の理解にむけて．フロイト全集 第 1 巻．岩波書店，pp.1-127）

平尾和之（2011）神経精神分析（ニューロサイコアナリシス）─心理療法と脳科学のコラボレーション．臨床心理学 11-2 ; 282-286.

Hirao K, Hirose H, Narita K et al.（2016）Anima mundi in transition expressed through sandplay therapy : Collaboration between neuroscience and analytical psychology. The 20th International Congress for Analytical Psychology.

川村光毅，小幡邦彦（1998）情動の機構と歴史的考察．脳と科学 20．星和書店，pp.709-716.

北村英哉（2008）感情研究の最新理論─社会的認知の観点から．感情心理学研究 16-2 ; 156-166.

久保田泰考（2017）ニューロラカン─脳とフロイト的無意識のリアル．誠信書房.

MacLean PD（1990）The Triune Brain in Evolution : Role in Paleocerebral Functions. Plenum Press.

中村靖子（2016)）フロイトの方法─観察と思弁のあいだで．名古屋大学文学部研究論集 62 ; 83-105.

成田慶一（2013）先天性相貌失認の心理臨床事例（第 6 章）．In：岸本寛史 編：臨床風景構成法．誠信書房.

成田慶一（2015）感情神経科学との接合によって開かれる世界（第 8 章）．In：岸本寛史 編：ニューロサイコアナリシスへの招待．誠信書房.

成田慶一（2016）自己愛のトランスレーショナル・リサーチ―理論研究・混合研究法・臨床実践研究による包括的検討．創元社．

成田慶一（2017）感情神経科学．臨床心理学 17-4 ; 532-533.

Northoff G, Wiebking C, Feinberg T & Panksepp J（2011）The resting state hypothesis' of major depressive disorder : A translational subcortical-cortical framework for a system disorder. Neuroscience and Biobehavioral Reviews 35-9 ; 1929-1945.

Panksepp J（1998）Affective Neuroscience : The Foundations of Human and Animal Emotions. Oxford University Press.

Panksepp J（2001）The neuro-evolutionary cusp between emotions and cognitions : Implications for understanding consciousness and the emergence of a unified mind science. Consciousness & Emotion 4-2 ; 141-163. DOI: 10.1075/ce.1.1.04pan

Panksepp J（2007）Neurologizing the psychology of affects : How appraisal-based constructivism and basic emotion theory can coexist. Perspectives on Psychological Science 2-3 ; 281-296.

Panksepp J（2008）Cognitive conceptualism : Where have all the affects gone? : Additional corrections for Barrett et al.（2007）Perspectives on Psychological Science 3-4 ; 305-308.

Panksepp J（2012）What is an emotional feeling? : Lessons about affective origins from cross-species neuroscience. Motivation and Emotion 36-1 ; 4-15.

Panksepp J & Biven L（2012）The archaeology of mind : Neuroevolutionary origins of human emotions. W.W. Norton & Company.

Solms M（2004）Freud returns. Scientific American 290-5 ; 82-88.

Solms M（2012）Are Freud's "erogenous Zones" sources or objects of libidinal drive?. Neuropsychoanalysis 14-1 ; 53-56.

Solms M（2013）The conscious Id,neuropsychoanalysis. An Interdisciplinary Journal for Psychoanalysis and the Neurosciences 15-1 ; 5-19. DOI: 10.1080/15294145.2013.10773711

マーク・ソームズ，オリヴァー・ターンブル［平尾和之 訳］（2007）脳と心的世界―主観的経験のニューロサイエンスへの招待．星和書店．

Solms M & Turnbull OH（2016）What is neuro-psychoanalysis?. In : A Neuro-psychoanalytical Dialogue for Bridging Freud and the Neurosciences. Springer, pp.13-30.

Solms M, Zellner M & Zellner MR（2012）Freudian affect theory today. In : A Fotopoulou, D Pfaff & MA Conway（Eds）（2012）From the Couch to the Lab : Trends in Psychodynamic Neuroscience. Oxford University Press, 133-144.

［特集］感情の科学――リサーチマップとアプローチガイド

エモーション・フォーカスト・セラピー

恥のアセスメントと介入

山口慶子 Keiko Yamaguchi
国立精神・神経医療研究センター

I　エモーション・フォーカスト・セラピーの特色

エモーション・フォーカスト・セラピー（Emotion-Focused Therapy；EFT）は，クライエント中心療法とゲシュタルト療法というヒューマニスティック心理学の人間観を基礎に，感情心理学，対象関係論，認知科学，情動神経科学の知見を統合したアプローチである（Greenberg, 2011）。これまで，うつ，カップルの問題，トラウマや虐待に起因する困難に対する効果が実証的に示されてきた。さらに近年では，社交不安，全般不安症，摂食障害に関する知見が蓄積されている。

EFTは，感情を人間の機能と心理療法における変容の中心に据える。その背景には，「感情は根源的に適応に仕えるもっとも基本的な動機づけのシステムであり，コミュニケーションの中心にあり，私たちの体験に意味を与え，学習と対人関係の確立にもっとも中心的な役割を担っている」という人間観がある（Greenberg, 2002）。この前提に基づき，感情の問題の解決は，感情が受け入れられ，調整され，別の感情と対比されることで変容され，内省によって新しい語りの意味が創造されることで導かれる，というのがEFTの重要な原則である。面接ではつねにクライエントの内的体験に共感的に波長を合わせ，クライエントの感じ方や考え方を尊重することを重視する。そしてクライエントの感情体験を瞬時ごとに辿りながら，椅子の対話などの体験的な技法を用いてクライエントの体験プロセスと探索を深め，感情処理を促進することを目的とする（Greenberg et al., 1993）。

以上を踏まえ，本稿では恥の感情にフォーカスしてEFTの臨床実践スキルについて説明したあと，恥の問題を扱った事例を紹介する。

II　感情のアセスメントと介入の指針――恥へのアプローチ

1　恥について

恥は，怒り，悲しみ，恐怖，不安などと同じく基本感情のひとつとされ，人との関わりのなかで生じる自意識感情である（Tangney & Dearings, 2002）。人に見せたくない自分の一面が露呈すると，他者から見られる自分が意識され，顔がカーッと赤くなり，胸がドキドキしてきて，その場から立ち去りたくなる。このように恥は一瞬にして生理的反応と苦痛を引き起こし，隠れる／逃げるといった退却傾向を伴う。恥の文化的側面を考えてみると，集団主義を重んじる文化では，社会的役割や行動を調整する際に恥がより重要な役割をもち，集団への所属意識が高くなるほど，また異端を排除する圧力が強いほど，恥の感情は強くなる（Greenberg & Iwakabe, 2011；岩壁，2019）。恥はまた，自尊心の低下，うつ，不安，摂食障害，トラウマ，物質使用の問題など，さまざまな心理的問題と関わっている。

2 恥のアセスメント

感情の問題に対する介入の指針を立てるうえで，さまざまな種類の感情体験と感情表出を区別しておくことは，理論的にも臨床的にも重要である。ここではEFTの感情の4分類（Greenberg & Paivio, 1997；Greenberg & Watson, 2006）を紹介し，さまざまな恥の感情体験の特徴をこの分類に沿って区別・整理する（Greenberg, 2002；Greenberg & Iwakabe, 2011）。

①一次適応感情は，状況の変化に応じて生じる反応であり，それを感じることが適応的行動に結びつく。一次適応的な恥の例として，公共の場でブラウスやズボンのチャックが開いていたときの恥は，その場にふさわしくない行動をしていることや，他者から非難や拒絶をされる危険性があることを知らせてくれる。このように，一次適応感情は機能的で状況に即した感情であるが，以下に述べる3種類の感情は，一般的には機能不全を起こしやすい感情である。

②一次不適応感情は，学習や過去の体験を通して不適応的になったものである。多くは，虐待，ネグレクト，他者から繰り返し受ける否定などから生じる。たとえば社会的恥（受験の失敗，離婚などのライフイベントをきっかけとして起こる），価値観と関わる恥（自分の価値観，基準，常識から外れた行動を取ってしまったときに起こり，自分を責めつづける），スティグマによる恥（変えようのない属性に関する社会的通念や偏見を内在化したり，それらに遭遇するために起こる）は，一次不適応の恥を作り出す（詳細は岩壁（2010）参照）。より深く個人に強い否定的な影響を与えるのは，アイデンティティの一部として内在化された中核的恥（core shame）である（Greenberg & Watson, 2006；Kaufman, 1996）。人の外見や体型について侮辱したり中傷したりするボディシェイミングは，中核的恥を引き起こし得る体験である。クライエントが面接で，自分の欠陥を批判したり（自分があまりにバカだとか醜いことを示す批判），自分を侮蔑したり（自己を見下す感覚や自分は価値のない人間だという感覚）することは，一次不適応感情としての中核的恥の指標であり，厳しく批判的なトーンとなる（Sharbanee et al., 2019）。

③二次感情は，一次的な反応に続いて生じ，一次感情を覆い隠したり変質させたりする。たとえば，恐怖を感じることが恥ずかしいと感じていたら，二次感情としての恥を体験していることになる。クライエントが何かを感じたら，“この感情は一次感情を覆い隠す二次感情だろうか？”と問うてみる。もし二次感情であれば，クライエントがその感情を探索し，その役割や意味について理解し，その背後にある一次感情に到達できるように手助けする。

④道具感情は，他者に影響を与えたり他者を操作したりするために表される。道具的恥の例として，謙遜することや控えめに行動することで，目上の人に慎み深いよい印象を与えようとする。道具感情はそれを使う目的に気づくことが重要である。

3 恥に対する介入の指針

恥の問題へのEFTの介入と変容モデルは，複数の研究により発展してきた（e.g. Miller & Greenberg, 2016；Iwakabe et al., 2012）。ここでは介入の要点を4つに整理して紹介する（Greenberg & Iwakabe, 2011；岩壁，2016）。

1．共感的で肯定的な治療関係を築く

恥は自己の傷つきであり（Kaufmann, 1996；Lewis, 1971），この傷つきを扱うためには，肯定

的で受容的な治療関係が必要である。専門家に助けを求めることは，自分の弱さや対処能力の低さが他者に露呈する脅威となる可能性がある。そのため，恥を面接において扱うには，あたたかさや思いやりのある肯定的な治療関係を確立する必要がある。たとえば「いい歳して本当に情けないんですが……」と話を切り出すクライエントに対して，「人に助けを求めるのは耐えがたいことかもしれません，まるで子どもみたいで。でも私たちはみな，助けを必要とするときもあります」というように，セラピストは受け取ったことを伝える。

2．恥と恥の痛みに接近する――二次感情と不適応感情の体験と探索

恥はそれを感じること自体が痛みを伴うため，クライエントは恥の体験を回避することが多い。たとえば，周囲に当たり散らして恥を覆い隠すクライエントに対して，セラピストは，二次的反応としての怒りを認め，根底にある中核的な恥の体験を強調する。セラピストは，クライエントが恥の回避を回避し，恥の苦痛に接近し，それを受け入れるのを促進する。感情を変えようとするのではなく，耐えがたい痛みを伴う恥の感情を十分に受け入れることで，感情変容への道が開かれる(Greenberg, 2011)。

3．恥を調整する

恥に接近してそれを体験するとき，その苦痛に圧倒されそうになり，なす術もない感覚に陥ってしまうことがある。セラピストは，その苦痛に耐え，それを和らげるさまざまな方略を使って，クライエントが恥を調整するのを手伝う。たとえば，苦痛が強く身体に力が入っているとき，深呼吸をしてリラックスするのを手伝う。また，苦痛な感情の真っただ中にいるときに，思いやりや優しさを自分に向けるよう手助けすることは，クライエントの苦痛に耐える力を育て，その苦痛を和らげるのに役立つ（Yamaguchi et al., 2018)。

4．恥を変容する

恥という強い不適応感情を変容するには，それと同じくらい強い一次適応感情が必要となる(Greenberg, 2002)。たとえば，過去の成功体験や肯定的なリソースや対人関係を思い出し，プライドや自己価値を喚起して恥を中和する（例:「自分はありのままで十分だ」)。あるいは，不当な扱いを受けたことに対する一次適応的怒りを喚起し，それまで外から取り込まれて自分に向けられていた恥を外側へ向けて表すことによって恥を変容させる（例：自分にひどい扱いをしてきた父親に対して「お父さんが私にしたことに私は怒っている！」)。または，一次適応的な悲しみや自己への思いやりにアクセスし，自分をいつも優しくあたたかく見守ってくれていた人のことを想像して自分に対して話しかけ，恥をあたたかさや思いやりによって中和させる（セルフ・スージング（自己静穏))。

ひとたび恥の状態にアクセスすると，クライエントは感情に潜在している満たされない欲求をはっきりと話すことができる。クライエントは自分のアイデンティティの受容と承認欲求（「このままの自分を受け容れられることを求めていたのだ」)，または主体性（「自分は自分でいいんだ，ミスしてもいいんだ」）にアクセスできるようになる(Miller & Greenberg, 2016 ; Sharbanee et al., 2019)。

III　事例

クライエントは50代の女性である。仕事にやりがいを感じる一方で，家庭で夫との間に情緒的つながりがもてず，またイライラして子どもたちに不適切な言動を取ってしまうという。彼女にとって夫との結婚は，生まれ育った封建的な土地から合理的に抜け出すための妥協であった。またそのような状況で産んだ子どもたちに対して，今でも申し訳ない気持ちがぬぐえなかった。

生い立ちが語られるなかで，彼女が育った家庭は彼女が安心していられる環境ではなかったことがわかった。父親は不在がちで，母親は，クライ

エントが素直に思っていることを言うと，叱ったり暴力をふるったりした。祖母は周囲に嘘をついてでも家族の体面を保とうと必死だった。このような環境で育つなかで，クライエントは，正直なことを言うのはよくないことであり，自分の弱いところを見せるのは恥ずかしくみっともないことだと学習した。大人になってからも母親に対するわだかまりに蓋をして関係を遠ざけ，また近所付き合いや仕事でも，周囲からどう見られているかを過剰に意識し，自分の弱さに触れられることを恐れて，人と親密になることを避けていた。

15回にわたる面接の初期では，共感的で安全ないかなる感情体験も尊重して歓迎する治療関係を築くことを重視した。弱い自分を守ろうと努力してきたことをセラピストが認めると，クライエントは，「本当に支え合える人間関係がないから仮面でつきあっている。そうすると本音が言えなくてつらいんだなぁ」と涙を流した。セラピストは「今そうやって涙が出てきたら，その気持ちにとどまって，それを受け取ってもらえます？　じわーっていう感じですよね」と応答し，涙の質感とともに，つらい気持ちをそのままの重さで受け取った。感情の心理教育を協同的に行いながら，クライエントの感情体験に共感的に波長を合わせていくと，クライエントは今まで蓋をしてきた気持ちを自分に許すようになっていった。

その後の面接では，養育者に対してこれまで表せなかった気持ちと，それに関連した中核的恥の問題に取り組んだ。ある回の面接でセラピストが「空の椅子の対話」を導入すると，クライエントはひどい扱いをしてきた母親に対して，「お母さんがやってることはひどすぎる！」と不満と怒りを表出した。そして母親以上に強い否定的な感情を抱き，心理的にとらわれていたのは，むしろ祖母のほうであったことに気づいた。

別の回では，祖母に「ネズミ扱い」をされてきたことが思い出され，「自分はみすぼらしい存在」という中核的恥が喚起された。クライエントが祖母に対する強烈な嫌悪を表したあと，セラピストは，不当な扱いを受けたことに対する一次適応的怒りにアクセスし，自分に植えつけられていた中核的恥を外側に表すのを手伝った。養育者から「恥」に訴えかける躾を受け，その態度を内在化していたクライエントにとって，長年閉じ込めてきた感情的痛みにふれることは大きなチャレンジであった。この耐えがたいほどの苦痛を伴う感情を前にして，祖母との対決を先延ばしにしたい気持ちを一緒に見つめることもあった。また，全身に力が入っているときには深呼吸を促し，祖母とのハードな対決を成し遂げるたびにその達成を共有した。何度目かの祖母との対話で，クライエントは「私は最初から人間で，意思がある」と力のこもった口調で話し，より肯定的な自己感が現れた。面接では，やせ細って元気のない幼少期の自分に，クライエントが優しさと思いやりの言葉をかけるセルフ・スージングの対話も行い，思いやりの気持ちを自分に対してもてるようになった。最終的には，家族の問題は「波のようにあるが，穏やか」と話し，充実した人生を送るために，感情がもつ重要な情報を人とのかかわりや自分のために活用しはじめた。

IV　おわりに

EFTは，面接内のクライエントとセラピストのやりとりをつぶさに検証するプロセス研究を基盤として開発された。本稿でフォーカスした恥という感情は，その適応的機能が発揮されることで人とのつながりを取り戻すのに役立つこともあれば，他の感情の背後に潜み，人のこころに深く居座り苦しめることもある。こうした恥の感情の変容プロセスについて地道に研究が続けられており，今後多様な対象や文化での進展が期待される。そしてさまざまな臨床現場において，臨床家がクライエントのニーズに応じてEFTのエッセンスを活用していくとき，臨床に役立つ発見があるかもしれない。そのことが，心理療法において感情がどのような役割を果たすか考えるきっかけとなるだろう。

▶付記

本稿で紹介した事例はJSPS科研費JP19K03310（研究課題「修正感情体験を促進する介入の明確化と訓練法の開発」（研究代表者＝岩壁茂））の助成を受けて行われた研究の一部である。本事例の面接は，クライエントならびにセラピストの研究参加の同意を得て行われた。事例はプライバシーを守るためマスキングした。クライエント協力者の方に心から感謝申し上げます。

▶文献

Greenberg LS（2002）Emotion-Focused Therapy : Coaching Clients to Work through Their Feelings. New York : American Psychological Association.

Greenberg LS（2011）Emotion-Focused Therapy（Theories of Psychotherapy Series）. New York : American Psychological Association.（岩壁茂，伊藤正哉，細越寛樹 監訳，関屋裕希，藤里紘子，村井亮介，山口慶子 訳（2013）エモーション・フォーカスト・セラピー入門．金剛出版）

Greenberg LS & Iwakabe S（2011）Emotion-focused therapy and shame. In : RL Dearing & JP Tangney（Eds）Shame in the Therapy Hour. New York : American Psychological Association, pp.69-90.

Greenberg LS & Paivio SC（1997）The Practicing Professional : Working with Emotions in Psychotherapy. New York : Guilford Press.

Greenberg LS, Rice LN & Elliott R（1993）Facilitating Emotional Change : The Moment-by-Moment Process. New York : Guilford Press.（岩壁茂（2006）感情に働きかける面接技法―心理療法の統合的アプローチ．誠信書房）

Greenberg LS & Watson JC（2006）Emotion-Focused Therapy for Depression. New York : American Psychological Association.

岩壁茂（2010）感情と体験の心理療法（11）さまざまな恥の体験と心理療法．臨床心理学 10-6 ; 896-903.

岩壁茂（2016）プロセス研究と質的研究法．In：福島哲夫 編：臨床現場で役立つ質的研究法．新曜社，pp.53-70.

岩壁茂（2019）アスクセレクション②恥（シェイム）…生きづらさの根っこにあるもの．アスク・ヒューマン・ケア．

Iwakabe S, Ito M & Yamaguchi K（2012）The process of resolving shame : A task analytic study. Paper presented at the Society for Psychotherapy Research, Virginia Beach.

Kaufman G（1996）The Psychology of Shame : Theory and Treatment of Shame-Based Syndromes. 2nd Ed. New York : Springer.

Lewis HB（1971）Shame and Guilt in Neurosis. New York : International Universities Press.

Miller S & Greenberg LS（2016）Working through shame and its relation to outcome in the treatment of depression with clients with high maladaptive shame. Paper presented at the Society for Psychotherapy Research, Jerusalem, Israel.

Sharbanee JM, Goldman RN & Greenberg LS（2019）Task analyses of emotional change. In : LS Greenberg & RN Goldman : Clinical Handbook of Emotion-Focused Therapy. New York : American Psychological Association.

Tangney JP & Dearings RL（2002）Shame and Guilt. New York : Guilford Press.

Yamaguchi K, Ito M & Takebayashi Y（2018）Positive emotion in distress as a potentially effective emotion regulation strategy for depression : A preliminary investigation. Psychology and Psychotherapy : Theory, Research and Practice 91-4 ; 509-525.

［特集］感情の科学――リサーチマップとアプローチガイド

AEDP による心の痛みへのアプローチ

安心安全の関係性と感情体験の深化

花川ゆう子 Yuko Hanakawa
AEDP Institute（USA）

I AEDP による心の痛みに対するアプローチ

AEDP（Accelerated Experiential Dynamic Psychotherapy：加速化体験力動療法）は癒し志向の愛着理論ベースの変容体験的モデルだ。創始者の Diana Fosha はもともと精神力動療法と短期力動療法（ISTDP）の訓練を受けた心理学者だったが，これらのモデルで強調されなかった治療関係間の愛着体験と感情に注目する体験的な AEDP を構築した。本稿では AEDP の基本理論を紹介し，面接逐語録を用いて心の痛みへのアプローチを示す。

II AEDP 理論

AEDP はニューロサイエンス，愛着理論，感情理論，変容理論などの理論を統合している。4 つのステイトの変容現象過程，陽性体験の注目，トランスフォーマンスと呼ばれる変容や成長する力などの概念を含む総合的理論だ。紙幅が限られているためここでは，①関係性の安全，②感情への焦点づけ，③変容体験の振り返り，という 3 点のみに絞って解説する。

1 基本理論①――関係性の安全があるとき，感情の調節と探索行動が可能となる

愛着理論（Bowlby, 1968）が示すように，私たち人間は安心感や安全感を与えてくれる自分「より大きく，強く，賢く，そしてやさしい」（Powell et al., 2016）安全基地となってくれる愛着対象の人物と共にいるとき，環境や自分の内部探索が可能になる。たとえば，母親と幼児のやりとりのマイクロ分析研究は，母親の瞬時ごとの非言語による感情的応答性，感情のマッチング，感情調整が関係性の安全の構築，幼児の感情調節能力とその後の愛着型形成への貢献を示した（Beebe & Lachmann, 2013）。

これを成人の臨床場面に翻訳すれば，セラピスト（以下，TH）の感情的応答性，つまり非言語の波長合わせ, 表情や動作のミラーリングなどが, クライエント（以下，CL）の安定的愛着型体験や感情能力促進の大きな動因になると考えられる。AEDP では CL の感情的探索行動を援助するため関係性の安全の構築に注目する。さらに CL の孤独感を和らげる目的で TH の自己開示が使われたり，CL の陽性の性質や努力，意図などに対する肯定もよく使われる。

2 基本理論②――心の痛みにとどまり感情体験をプロセシングすると変容が起こる

感情理論や体験的心理療法の臨床的記述によると，1つの感情にとどまり，その身体的な感覚に意識を向け，その感覚が変化するまで体験しきることで感情プロセシングが完了し，心の痛みは変容していくと言われている（Fosha, 2000, 2013 ; Gendlin, 2012）。AEDPではそのような変容につながる身体的に感じられる感情を「コア感情」といい，心の痛みの根本にあるコア感情に「今ここ」でとどまり，それを安全な関係性のなかで体験し切ってもらうことで変容を促す（Fosha, 2000）。

3 基本理論③――心の痛みの変容を振り返ることで変容を拡大・定着させる

AEDPでは感情のプロセシングによって変容体験が起こるとき，その治療的変容自体を振り返る作業を開始する。この作業をAEDPではメタセラピューティック・プロセシング（以下，メタプロセシング）と呼ぶ。起きたばかりの感情変容体験に対してメタプロセシングをすることで，さらに感情の変容拡大，深化，治療的獲得の定着，心の繁栄の促進が起こる（Iwakabe & Conceição, 2015）。また変容の拡大を続けるなかで，新しい意味づけのなされた自己感の変容にもつながることが臨床的に示されている（Fosha, 2000 ; Prenn, 2009）。

III 事例紹介

ここでは実際の面接逐語録を解説しながら紹介し，先に述べたAEDP理論と技法の使用と心の痛みの変容現象を見ていく。

CLは米国在住のアジア系女性。6年間続いている不眠に悩み，心理療法の開始を希望。不眠の発端が6年前と聞き，面接前の電話で筆者が6年前の出来事を聞くと，父親が殺されたことを涙ながらに語った。しかし治療では父親の話は出ず，母親との確執に焦点が当てられた。面接では不安が高く，自己価値感が低かった。本人は感情に対して苦手意識があったが，実際には治療早期から筆者との関係のなかで感情体験をすることができた。

9回目の面接冒頭でTHはCLの父親の話題を提起した。電話で語られた父親喪失の話題が回避されつづけることを危惧したためである。THはそれまでCLの父親の話題が挙げられなかったことに言及し，その日の面接で話題として扱うのはどうかと聞いた。

CL：（少し驚いた表情と短い沈黙）基本的には……どこから始めればいいですか？　最初から話せばいいですか？

TH：私が提案したことについて，あなたの反応を見ることから始めませんか？　私が提案したことはきっと思いもかけないものだったと思うので……あなたの心のなかに，今この瞬間，意識を向けられますか？（「今ここ」での感情体験への焦点化）

CL：この瞬間は……どうだろう……大丈夫です。話しはじめる準備ができたように感じます。うん，避けたくないテーマだから。（中略）オープンに感じます。

TH：オープンでいてくれてありがとうございます（笑顔）（CLの心理的努力への感謝／安全な関係性の構築への働きかけ）。

CL：大丈夫です（笑顔）。

この冒頭の短いやりとりのなかで，THはCLとの関係性を大切に育みながら「今ここ」での感情体験に注目しているのが見て取れるだろう。ここからCLは父親のことを話しはじめた。語られたのは，悲劇的な死のトラウマではなく，意外にも父親の生前のやさしい人となりだった。

CL：父はリラックスしていて，批判的ではなくて，母のように私にプレッシャーをかけることはなかった。ユーモアがあって，やさしくて，スイートな人だった。ただただいい人だった。う〜ん……（かすかな涙）（安定型愛着体験の記憶）。

TH：少しゆっくりペースを落としましょう（かすかな涙に焦点化）。

CL：わかりました。

TH：涙のための時間を取りましょうか？（感情への焦点化）

CL：はい。

TH：まだまだ時間があるので，今わきあがってきている感情を大切にしてみませんか？（心の痛みに焦点化）

CL：（涙をぬぐう。水を飲む）（感情調整しようとしている）うーん……

TH：今，体で何を感じていますか？（体感への焦点化）

CL：話しているうちに，父がいなくなってどれだけ寂しいか気づきました（コア感情の浮上）。

TH：そうですか……それはそうでしょうね……

CL：残酷な死に方だったから，思い返しても悲惨な気持ちで……今まで生前の父の人柄を思い返したことも，話したこともなかった。今こうやって話してみて，父がいないことをすごく寂しく感じます（新しい悲嘆体験）。

ここの部分では，TH の非言語による波長合わせと言語による肯定を通じて，CL の陽性感情に焦点が当てられ，CL の父親に対する陽性愛着体験が想起された。するとそれに伴い愛着対象喪失の悲嘆が新たに浮上した。AEDP ではこのように治療関係性が安全ななかで出てくる感情体験に焦点を当て，CL が独りきりでは感じられない感情を感じ切ることを援助する。先を見ていこう。

両親の別居後，CL も父親と別居していたが，成人してから連絡を取り，近くに住むことにした。2 人で食事をしたり，散歩に行ったり，良い時間を過ごすようになった。そのような居心地の良い時期が 2 年続いた後，父親が殺害された。次に見る部分は，TH が CL の父親との陽性体験を深め体験してもらうところである。

CL：（父は）一緒にいてくれた。そう，とても親切だった。とても付き合いやすくて，プレッシャーや批判とか，まったくそういうのがなくて。期待もなくて。

TH：うわあ，お父さんとそういう経験をしたのですね。期待を抱いたり，批判もしない特別な存在（陽性感情の肯定）。

CL：まったくしなかった。

TH：そうでしたか，わあ。その瞬間を大切にしたい気持ちです。そのとき，あなたとお父さんが一緒にいたとき，期待も抱かず，批判もせず，ありがままの自分で良かったのね（CL の母親とは持てなかった愛着体験）。

CL：（さらなる涙をぬぐう）いつでも喜んで手伝ってくれた，すごく良かった。

TH：すごく良かった……（笑う）。

CL：とても付き合いやすくて，とてもやさしくて。

TH：とてもやさしくて……

CL：（また溢れる涙）父のことを思うときは，生前ではなくて，たいてい死んだときのことを思い出していました（2 度目の悲嘆の浮上）。

TH：そうでしたか。お父さんが生きてらっしゃるときに，とても深く有意義な経験をしたんですね（CL：涙をぬぐう）。生前の思い出の部分が今思い返されているのは本当に大切ですね（陽性体験を肯定）。憶えておくべき思い出ですね（CL：涙をぬぐう）。なんて大切なことなんでしょう……そう……（波長合わせ）

CL：（さらに溢れる涙）（感情体験のさらなる深まり）

TH：涙を止めようとしないでくださいね，出るがままにして……（心の痛みに焦点化）

CL：（さらなる涙）

TH：うーん，うーん（非言語音でサポートを伝える）。

CL：今まで父との関係を思い返すことがなかった，亡くなったことの一部だけをプロセスしようとしていて，父の人柄とか生前のことを考えてなかった……

TH：それを今日私と一緒にしてくれていることに感謝します。すごく辛いことだと思います（関係性的サポートと共感）。

CL：はい，考えもしなかった，思いつきもしなかったです。悲しくも感じます……とても（生前の父親像を考えなかったことに対する自己批判の気配）。

TH：あなたの心の部分は，こんな話をするのにふさわしいときを待っていたのではないでしょうか？　誰かとプロセスできるのを。このようなグリーフワーク（悲嘆作業）を自分一人でやるのは無理に近いですし，可能であったとしても非常にむずかしいですから（関係性の大切さの強調とCLの自己批判をリフレーム）。

CL：はい，わかります（介入の受容）。

TH：その部分（父親への憧憬）が今，声を出しているみたい（笑）。

CL：はい（うなずく）。

TH：「私を忘れないで，ここにいるよ！」って（笑顔。軽やかなトーンの声）（自己批判の気配に対する別の視点を提供・強調）。

CL：（セラピストと2人で同時にクスクス笑う）はい，とても良い感じです（視点・感情の変容）。父のことを持ち出してくださって良かったです（父親の陽性体験の想起に伴う悲嘆もあるが「良かった」とも感じる。コア感情の特徴）。（父親の人なりを）今まですっかり忘れていたので……変ですけどね。

TH：電話でお父さまのことを話してくれたことをしっかり覚えていました。だから心に留めていました（自己開示）。

CL：うわあ，ありがとうございます（笑顔）。（中略）父のことを思い返すと必ず，どのように死んだか，殺されたという悲劇を連想していました。悲嘆だけではなく，生前の父と私との関係を思い出すのはとても大切に感じます（悲嘆と父親の陽性記憶の両方の大切さ）。

TH：本当にその通りですね（うなずく）。

CL：はい（同調）。父がいなくてすごく寂しいです（悲嘆の3度目の浮上）。

父親への愛情を話すうち，彼の死の直前に別居していた両親と妹とCLで，何年ぶりかの家族ディナーをした話が想起された。はじめは皆気まずかったが，両親も妹も徐々に打ち解け，夕食後はカラオケに行き，楽しい時間を過ごした記憶だ。それを受けてTHはCLの家族をまとめる力と辛抱強さに感動し，そのことを伝えた（明確な肯定と自己開示）。そのあと，CLのTHの肯定に対する関係性的体験をメタプロセシングした。

TH：あなたがしたこと（家族ディナー）はすばらしいですね，という私の言葉を聞いて，どう感じますか？（関係性的メタプロセシング）

CL：とてもうれしい……（あなたに）認められることがとても必要だった気がします。そういうふうに見られたら，心が軽くなる。最高な気分！（笑顔）（TH：わーお（笑顔））すべての経験が軽やかな楽しい雰囲気に見えます（記憶の感情的トーンの変容）。違う視点から見ると。私がいたからこそ家族との良い時間をもてたんだと思えるし，人として認められたように感じます（認識体験に伴う自己像の変容体験）。そういう風に感じたことはなかった。（中略）なので，ありがとうございます！（自分の努力を認識されたことに対する感謝）

TH：どういたしまして。私に認められるのはどんな感じですか？　あなたがしたこと，あなたの強さ……（さらに関係的メタプロセスを繰り返す）

CL：とてもパワフルで，主体性を握っている感じで，開放感を感じる。私がいたからこそ起きたこと，私が選んだ行動，環境や両親，人生の被害者ではないんだって思える……私が選んだことなんですよね。すごく自分が主体性をもっていると感じるし，開放感もあります。なんだろう……対立し合う感情かもしれないけれど，両方を感じる（主体性の表れ／自己感の変容）。

IV　事例のまとめ

ここまで，実際のケースの逐語をAEDP理論を使い解説してきた。面接開始から関係性を大切にしながら「今ここ」での感情に焦点化していくうち，本人にも意外なやさしかった父親像の記憶が浮かんできた。安定愛着型体験の記憶想起である。その陽性愛着体験に焦点を当てると「あたたかい父親を失った」悲嘆がわきおこり，何度かこの2つの感情の波を行き来しながらプロセスするうちに，家族での良い時間の記憶が浮上した。これは陽性愛着体験の想起がさらに別の陽性記憶を引き出したと見ることができるだろう。その家族イベントを実行したCLの力をTHが肯定し，その介入の関係性的体験をメタプロセスすると，

CL の自己感が主体性あるものへと変容した。安全な関係性の構築がコア感情である愛情と悲嘆のプロセスを可能にし，TH の肯定を経て関係性的体験をメタプロセスをする過程で，主体性ある自己感へと変容した例である。

V　まとめ

AEDP では安定愛着体験を感じられるような関係性の構築を目指す。そのうえでコア感情に注目し，感情の変容を促進する。心の痛みの根源であるコア感情が変容したとき，その変容体験に対しメタプロセシングを続けることでその変容がさらに広く，深く，豊かになっていく。

暗闇に置かれたデイジーが明るい光の方向へと自然と葉を伸ばし花を咲かせるように，自分が独りきりではないと感じられる暖かい関係性のなかで，人の心には痛みを癒し成長する力が自然と芽生える。AEDP はその生命に備わっている自己治癒力と成長力を最大限に活かし育むことを目指すモデルと言えるだろう。

▶付記

論文中の逐語録翻訳は宮森杏那による。

▶文献

Beebe B & Lachmann FM（2013）The Origins of Attachment : Infant Research and Adult Treatment. Routledge.

Bowlby J（1968）Attachment and Loss, Vol.1 : Attachment. Basic Books.

Fosha D（2000）The Transforming Power of Affect : A Model for Accelerated Change. Basic Books.（岩壁茂，花川ゆう子，福島哲夫ほか 監訳（2017）人を育む愛着と感情の力―AEDP による感情変容の理論と実践．福村出版）

Fosha D（2013）Turbocharging the affects of innate healing and redressing the evolutionary tilt. In : IDS Siegel & MF Solomon（Eds）Healing Moments in Trauma Treatment. W.W.Norton, pp.129-168.

Gendlin ET（2012）Focusing-Oriented Psychotherapy : A Manual of the Experiential Method. Guilford Press.

Iwakabe S & Conceição N（2015）Metatherapeutic processing as a change-based therapeutic immediacy task : Building an initial process model using a task-analytic research strategy. Journal of Psychotherapy Integration 26-3 ; 230-247.

Powell B, Cooper G, Hoffman K et al.（2016）The circle of security intervention : Enhancing attachment in early parent-child relationships. Reprint Edition. Guilford Press.

Prenn N（2009）I second that emotion! : On self-disclosure and its metaprocessing. In : A Bloomgarden & RB Mennuti（Eds）Psychotherapist Revealed : Therapists Speak about Self-Disclosure in Psychotherapy. Routledge.

[特集] 感情の科学――リサーチマップとアプローチガイド

スキーマ療法では感情をどう取り扱うか

伊藤絵美 Emi Ito
洗足ストレスコーピング・サポートオフィス

I　スキーマ療法とは何か？

スキーマ療法（Schema Therapy : ST）は，JE Young が 1990 年代から 2000 年代にかけて構築，発展させた心理療法であり，認知行動療法を中心に，アタッチメント理論，ゲシュタルト療法，力動的アプローチなどが有機的に統合されている（Young et al., 2003）。ST は，①早期不適応的スキーマと不適応的なコーピングスタイル，②スキーマモード，という 2 つの理論モデルを有する。①は，「人生の早期（幼少期，学童期，思春期）に何らかの傷つきを体験し，それが適切に癒されることがないと，『早期不適応的スキーマ』（以下，スキーマ）が形成され，それがその人の生きづらさにつながる。さらにそれらのスキーマに対して，人は『回避・過剰補償・服従』といった不適応的なコーピングを用いることによって，スキーマが強化・維持される」というものである。また ST では「中核的感情欲求」を想定し，それが適切に満たされない（すなわちそれが傷つき体験となる）ことでスキーマが形成されると考える。中核的感情欲求とは，たとえば「無条件に愛されたい，受け入れられたい」「自分の感情や欲求を出したい，承認されたい」「のびのびと自由に感じ，楽しみたい」といったものである。一方，②の「スキーマモード」とは，「その人の現在の状態（思考，感情，行動）」のことであり，それを「脆弱なチャイルドモード」「不適応的コーピングモード」「不適応的ペアレントモード」「ヘルシーアダルトモード」「幸せなチャイルドモード」といったカテゴリーに分類する。

ST で目指すのは，①自分を生きづらくさせているスキーマとその成り立ちを理解し，不適応的コーピングスタイルを含め，それらを手放すこと，②「今・ここ」のモードに気づきを向け，各モードに適した対応ができるようになること，である。②において特に重要なのは，「ヘルシーアダルトモード」（以下，HAM）を強化すること，HAM が「脆弱なチャイルドモード」にアクセスし，その傷つきを癒すこと，「不適応的コーピングモード」と「不適応的ペアレントモード」を消去すること，そして「幸せなチャイルドモード」を育むこと，である。

ST は，①スキーマとモードに対する気づきと理解（ケースフォーミュレーション），②諸技法によりスキーマとモードを変容する試み（介入）の 2 段階で進行する。技法としては，①認知的技法，②行動的技法，③感情的・体験的技法，④治療関係の活用，という4つがあり，①と②は認知行動療法と同様で，ST ならではの技法が③と④である。

II　スキーマ療法における感情の取り扱い

ST では感情を非常に重視しており，多角的かつ積極的に感情を扱い，動かし，変容していく。以下，具体的に解説する。

1　「治療的再養育法」という治療関係の形成と実践

ST ではセラピストが治療的設定という制約のなかでクライアントに対して養育的な関わりをしていく。セラピストは「よい親」として振る舞い，クライアントの感情欲求を満たしていく。そのようなセラピストの有り様をクライアントの HAM がモデリングし，最終的にはクライアント自身の HAM が自らの欲求を満たせるようになることを目指す。この治療関係は非常にパワフルで，クライアントの修正感情体験を直接的に惹起すると考えられている（Young et al., 2003）。

2　感情を含めた過去の傷つき体験とスキーマの理解

スキーマを理解するにあたっては，人生早期の傷つき体験をセラピストと共に振り返ることになる。その際，単に頭のなかで時系列的に振り返るのではなく，その時々の自分に会いに行くように，感情的に「巻き戻る」ことが必要である（伊藤ほか，2013）。これは苦しい体験となりうるが，それによって子ども時代の自分がいかに傷ついたか，その結果としてどのようなスキーマが形成され，それが今の生きづらさにどのようにつながっているか，ということを感情的に「腑に落ちる」形で体験できるようになる。これがスキーマを手放すための動機づけともなる。また過去の振り返りの作業は，曝露療法的な効果をもたらし，それだけで傷ついた感情が処理されることが少なくない。

3　感情を抑制するスキーマやモードの扱い

ST を必要とするクライアントのなかには，そもそも傷ついた感情を抑制したり，回避したりしようとして生き延びてきた人が少なくない。ST の用語で言えば，「感情抑制スキーマ」や「遮断・防衛モード」の持ち主である。感情を抑制したり回避したりしつづける限り，ST は前に進むことができないため，セラピストは感情にアクセスすることの重要性と安全性について心理教育を通じてクライアントに伝えつつ，さまざまなイメージワークや体験的技法（ゲシュタルト療法の椅子のワークなど）を駆使して，クライアントが感情（特に不安や悲しみなどのネガティブ感情）に安全にアクセスできるように手助けする。

4　「チャイルドモード」へのアクセス

上記の3は，スキーマモードのモデルで言えば，「チャイルドモード」にアクセスすることである。クライアントが自らの内なる「チャイルドモード」に気づきを向け，その時々の中核的感情欲求をそのつど満たせるよう，セラピストはクライアントを手助けする。そのため，まずはセラピストが治療的再養育法の一環として，クライアントの「よい親」となり，クライアントのチャイルドモードのネガティブ感情を癒したり，怒りの感情の言い分を聞いたり，混乱している場合は安全な形でなだめたりする。ST では過去を振り返る前に「安全・安心のワーク」を必ず行うが，このワーク自体が，「安全なところで安心したい」というアタッチメントに関するチャイルドモードの欲求を繰り返し満たすことになり，重要かつ効果的である。

5　各モードに適切に対応するための HAM の強化──感情への気づきと適度な調整

ST は当初，感情調整が非常に不得手な境界性パーソナリティ障害（BPD）を対象に構築され，無作為化比較試験にてエビデンスを出したアプローチである（Giesen-Bloo et al., 2006）。クライアントは ST の諸技法を通じて，自らの感情に気づきを向け，適度な感情調整ができるようになり，それが回復につながっていく。これはスキーマモードのモデルに基づくと，HAM がその人の健全な自我機能となり，各モードに適切に対応できるようになることを意味する。すなわち「脆弱なチャイルドモード」のネガティブな感情にアクセスし，それを癒し，「不適応的コーピングモード」に対しては，それをできるだけ使わないように回避し，「不適応的ペアレントモード」に対しては，「脆弱なチャイルドモード」を守るために時に闘ったり追放したりし，「幸せなチャイルドモード」に対してはそれを受け入れ育んでいく。このような形で HAM が機能できるようになると，クライアントは生き生きとした感情をもちながら，適応的に考えたり行動したりできるようになる。これが ST で目指す回復の有り様である。

III 事例紹介

ST の典型的な事例（プライバシー保護のために改変したもの）を，特に感情に焦点を当てながら，いくつか紹介したい。

1 BPD および複雑性 PTCD を有する A さん

A さんは 30 代女性。BPD と診断されて来所したが，複雑性 PTSD も併存しており，さまざまな刺激に反応し，強烈な感情が噴出することもあれば，解離状態となり感情が切り離された状態になることもある。対人不信や見捨てられ不安が強く，セラピストに対しても急になついてきたり，急によそよそしくなったりと一貫しない。ST の心理教育後，まずは A さんのチャイルドモードの呼び名を一緒に決めた（「A ちゃん」）。セラピストは一貫して A ちゃんに養育的（特に母親的）に振る舞い，移行対象としてビーズのブレスレットを渡したり，セッション中にぬいぐるみを抱いてもらったりして，セラピールームが安全な場所，セラピストが安全な人物であることを継続して感じてもらえるよう留意した。また過去の傷つき体験の振り返りでは，さまざまなトラウマが想起されたが，それに圧倒されぬよう注意しながら，A ちゃんの傷つき（脆弱なチャイルドモード）をそのつど癒していった。さらに「イメージの書き換え」技法を通じて，傷つき体験のイメージにセラピストが入り込み，A ちゃんをレスキューするというワークを繰り返すことによってトラウマ処理が行われた。最終的には A さん自身の HAM が強化され，自らのチャイルドモード（A ちゃん）を自身で癒すことができるようになり，さらに生活のなかで健全な対人関係をもつことができるようになった時点で終結となった。終結までに約 3 年を要した。

● 解説：BPD や複雑性 PTSD を有するクライアントは数多くのスキーマを有しており，その時々に活性化するスキーマやコーピングによってさまざまな極端な状態に陥りやすい（「解離のスペクトラム」と呼ばれる）。またその病態ゆえにセラピストにも不信感を抱きやすい。したがって治療的再養育法によって強固な治療関係を築くとともに，セラピストがクライアントの傷つき感情を直接癒すワークを繰り返し行い，時間をかけてクライアントの HAM を育む必要がある。

2 自己愛性パーソナリティ障害を有する B さん

身体症状が軽快せず，やむなくセラピーを受けに来所した 40 代男性の B さん。社会的地位が高く，また知的能力も高い B さんは当初，「理性的なセラピー」をセラピストに要求した。B さんはいわゆる「オレ様」的クライアントで，診断的には自己愛性パーソナリティ障害（NPD）に該当する。セラピストは毅然とした態度で，セラピーが奏功するには理性のみならず感情を動かす必要があること，実は B さんが感情を恐れているのではないかと指摘したところ，B さんはそれを認めた。しかし認めたところで，すぐに感情が動くはずはなく（「感情抑制スキーマ」「遮断・防衛モード」でこれまで生きてきた），まずはマインドフルネスのエクササイズやボディワークを繰り返し行い，自らの体験に直接触れても怖いことは何ら起きないことを実感してもらった。次にスキーマの分析を行い，「欠陥／恥スキーマ」や「情緒的剥奪スキーマ」が根底にあり，それに過剰補償する形で「厳密な基準／過度の批判スキーマ」「権利要求／尊大スキーマ」が形成され，それがBさんの自己愛的な振る舞いにつながっていることを共有した。Bさんは「欠陥／恥スキーマ」や「情緒的剥奪スキーマ」が同定されたことで，自らのチャイルドモードが実はとても傷ついており，心細く，助けを必要としていることを頭だけでなく心で感じられるようになった。そして安心できる対人関係（妻やセラピスト）においては，それらの傷つきや「助けてほしい」という感情欲求をアサーティブに出せるようになり，自己愛的な振る舞いを手放していった。そこでようやく身体症状も寛解した。終結までに約5年を要した。

● 解説：NPDを有するクライアントはBPDに比べ，一貫して感情を抑制し，しかも感情を「馬鹿にする」傾向をもつため，セラピー的にはよりチャレンジングである。クライアントの理性に向けて「感情がいかに重要か」ということを伝えつつ，クライアントを脅かさない方法で感情や体験にアクセスすることを積極的に手助けしつづけることが不可欠である。NPDのクライアントがSTを通じて回復すると，実は驚くほど繊細で，情緒豊かで，優しい人であったことに気づくことが少なくない。

3　社会適応は良好だが，長年にわたって軽症の抑うつ症状に悩むCさん

Cさんは50代の女性で，家庭をもち，専門職としても成功しており，外から見ると「申し分のない」状態の人であるが，20代から軽度の抑うつ症状に苦しんでいた。スキーマ療法を開始し，過去の体験を振り返ると，あからさまな傷つき体験はないが，「いい子でいなくちゃ」「いい子でいれば受け入れられる」という思いで，常に親や教師の顔色を見て，他者の役に立ったり機嫌を取ったりするために行動してきたことが共有された。中心にあるのは「情緒的剥奪スキーマ」「服従スキーマ」「自己犠牲スキーマ」「評価と承認の希求スキーマ」といったスキーマである。今でも「いい人」でいるために，自らの欲求ではなく他者の欲求を満たすための行動を取りつづけ，Cさんのチャイルドモードの欲求が満たされないどころか，顧みられることさえないことが共有された。そこでCさんは自身のチャイルドモードの欲求に気づき，それを満たすための行動を取るようセラピストと共に取り組んだ。特に他者からの要求や依頼に対して「ノー」と断ること，義務に基づく行動ではなく，リラックスしたり楽しんだりする行動を優先することが重視された。セッション中にセラピストと種々のゲーム（例：ジェンガ，紙風船）に楽しみながら取り組むことが，「幸せなチャイルドモード」を強化するにあたって特に効果的だった。終結までに約1年を要した。

● 解説：慢性的な心身の不調を訴える人のなかには，実はCさんのような人は多い。社会的には成功し，皆にとって「いい人」だが，実は自身のチャイルドモードの感情欲求をずっとないがしろにしてきてしまった人である。こういう人はCさんのようにチャイルドモードの欲求に沿って，「断れるようになること」と「楽しめるようになること」が特に重要だと考える。また内なる怒りを適切に感じ，アサーティブに表出できるようになるのを手助けすることも重要である。

IV　まとめ

本論では，STにおいて，さまざまな臨床的工夫を通じてクライアントの感情にアクセスしたり，感情を動かしたりすることの必要性について述べた。しかしそもそも重要なのは，セラピーにおいて感情を安全に，そして豊かな形で扱おうとするのであれば，セラピスト自身が自らの感情に安心してアクセスし，さまざまな感情（特にネガ

ティブ感情）を健全に扱えるようになることである。Young et al.（2003）や伊藤ほか（2013）によれば，「自己犠牲スキーマ」「巻き込まれスキーマ」などセラピストがもちやすいスキーマがあり，それらのスキーマにセラピスト自身が気づきを向け，それらを手放す努力をする必要がある。また「感情抑制スキーマ」をもつセラピストは，クライアント以上にクライアントの感情表出を恐れることがあるが，そのままではSTを実施すること自体が不可能であろう。つまり，セラピスト自身が自らの傷つき体験やスキーマに感情レベルで十分に触れ，スキーマを手放したり，チャイルドモードにアクセスしたりできるようになっておく必要があるということである。自らの感情を健全に扱えるセラピストに対する安心感があってこそ，クライアントはクライアント自身の感情にアクセスする勇気と動機づけを得るのである。

▶文献

Giesen-Bloo J, van Dyck R, Spinhoven P et al.（2006）Outpatient psychotherapy for borderline personality disorders : Randomized trial of schema-focused therapy vs transference-focused psychotherapy. Archives of General Psychiatry 63-6 ; 649-658.

伊藤絵美，津高京子，大泉久子ほか（2013）スキーマ療法入門―理論と事例で学ぶスキーマ療法の基礎と応用．星和書店．

Young JE, Klosko JS & Weishaar ME（2003）Schema Therapy : A Practitioner's Guide. Guilford Press.（伊藤絵美 監訳（2008）スキーマ療法―パーソナリティ障害に対する統合的認知行動療法アプローチ．金剛出版）

[特集] 感情の科学――リサーチマップとアプローチガイド

コンパッション・フォーカスト・セラピーによる うつ・不安感情へのアプローチ

浅野憲一 Kenichi Asano
目白大学

I はじめに

コンパッション・フォーカスト・セラピー(Compassion Focused Therapy：CFT）は，恥や自己批判が高いクライエントを支援するために開発された心理療法であり，自己や他者に対するコンパッションを高めることによってさまざまな問題の改善を目指す（Gilbert, 2017）。進化心理学や神経科学をその理論的背景とすることから，人間のもつ苦しみや感情の意味を進化論の視点から捉え，その神経的な基盤を説明するための実証研究の知見を取り入れた内容をもとに心理教育を行っていく。また，コンパッションを高めるための介入を，イメージエクササイズや筆記，行動実験といったさまざまな形で取り入れていくのも特徴と言えよう。

わが国でも徐々にその実践が報告されるようになっており（Asano & Shimizu, 2018；Asano, 2019），近年ではCFTの概略も紹介されている（浅野ほか, 2018）。そこで本稿では，CFTにおける，うつと不安の捉え方，扱い方に焦点を当てて述べていく。

II CFTにおけるコンパッションの位置づけ

近年，注目を浴びているNeffのセルフ・コンパッション（Neff, 2003）は「苦痛や心配を経験したときに，自分自身に対する思いやりの気持ちを持ち，否定的経験を人間として共通のものとして認識し，苦痛に満ちた考えや感情をバランスがとれた状態にしておくこと」と定義されている（有光, 2014）。

これに対して，CFTではコンパッションを，「自他の苦しみに対する感受性と，それを和らげ防ごうとするコミットメント」という2つの側面をもつものとし（Gilbert, 2017），よりシンプルに定義している。そしてコンパッションの特徴として，感受性（sensitivity），幸福のための思いやり（care for well-being），非評価的姿勢（non-judgement），共感（empathy），苦しみへの耐性（distress tolerance），同情（sympathy）という6つの特徴を挙げている。この6つの特徴はコンパッションを体現するための指針となり，そのための手段として注意，感情，イメージ，行動，思考といったスキルを訓練していくことになる（図1）。

III　CFT における感情制御モデル

CFT では感情制御の仕組みを３つの円で捉え，心理教育を行っていく（図２）。このモデルは神経科学や進化心理学の知見に基づくもので，私たちの感情を３つのシステムから捉えていく。なお，３つの円の面積の総和は一定で，どれかが大きくなれば他の２つは小さくなると想定し，心理教育を行っていく。

１つ目のシステムは，「脅威システム」である。脅威システムは自分を捕食しようとする外敵など，環境的な危機に対処するために発達したシステムで，我々の身体にいわゆる闘争－逃走モデルのような反応を引き起こす。怒りや不安，嫌悪感などが喚起され，脅威に対する感度を上げて行動や思考することで身を守る。つまり，防衛によって生存確率を高めるようとする感情システムである。不安感が高まったり，自己批判をして自分を心のなかで打ちのめしているときにはこのシステムが活性化している。

２つ目のシステムは，「獲得システム」である。獲得システムは喜びや達成感，楽しみのような快感情と関連するが，これは我々が生存に必要なもの（食べ物，社会的地位，性的対象など）を獲得した際に喚起される感情である。獲得システムが活性化すると，意欲やエネルギーが高まり，生存に必要なものへの接近行動を取るようになる。いわゆる躁的な状態は獲得システムが過剰に活性化した結果とも言える。生存のために必要なものを獲得することで生存確率を高めようとするのが獲得システムである。

３つ目のシステムは，「安心システム」である。安心システムは，鎮静システムとも呼ばれるが，落ち着き，安らぎ，安心感といった感覚を喚起させる。ヒトはそもそも集団を形成することで生存の確率を高めてきた動物であるため，他者とのつながりをもつことが安全を意味することになり，このシステムが活性化される。その結果，私たちは安心感や平穏を得ることができる。他者とのつながりや共感，寛容さ，親密さの基盤となるシステムと言えるだろう。穏やかで充実し，落ち着いた状態は心地良く，心に休息をもたらしてくれる。そしてこの安心システムが十分に働いている状態であれば，人は脅威感情に左右されずに状況を捉え，そのときの自分にとって最善の思考や行動を取ることができる。

３つのシステムはいずれも生存のために必要なものであり，進化の過程で我々のなかに構築されてきた。したがって，３つの円の相互作用によって起こる何かしらの感情状態が「悪い」ということでは全くない。むしろ，３つの円がもつ機能を

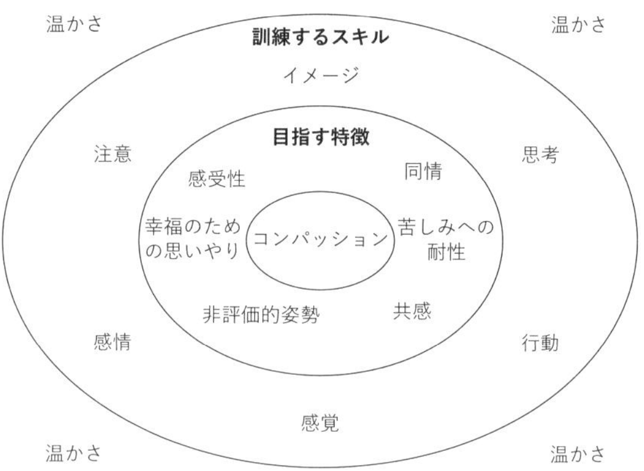

図１　コンパッションの特徴とスキル
（Gilbert（2017）をもとに作成）

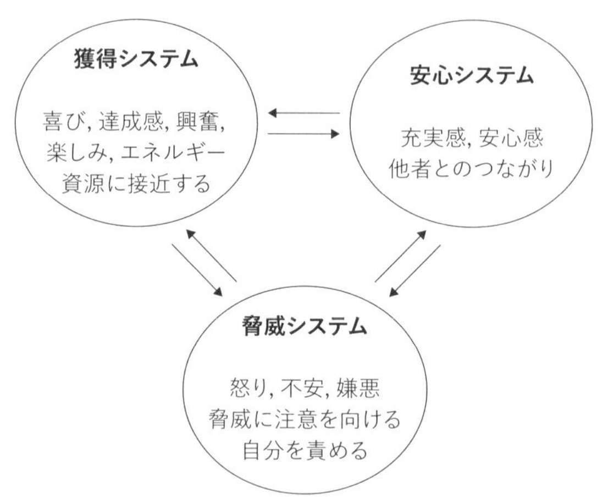

図２　CFT における感情制御の３つの円
（Gilbert（2017）をもとに作成）

うまく活かし，感情の意味を理解してあげることが適応につながる。

Ⅳ　CFT による不安へのアプローチ

不安は脅威システムと関連する感情の代表例で，多くのクライエントが困難を覚える感情でもある。不安は，脅威に対応するために身体のスイッチを入れ，脅威と関連した情報に注意を向けさせる。安全行動を引き起こし，脅威に対処・回避することで身の安全を守るようにする。さらに，脅威と関連した思考や信念を喚起・強化する機能をもつ。不安が高まった状態を 3 つの円のモデルで示すと，図 3 のようになる。

こうした状態に対して，CFT では安心システムの活性化を目指していく。図 3 の状態は，脅威システムが活性化することで，不安感にかられ，身体的にも過覚醒している状態である。そのため，実際には起こる可能性が低いような事態まで心配し，反芻しつづけてしまう。また，類似した過去の記憶を思い出し，さらに不安が高まってもいるだろう。いつの間にかその不安は自分自身への批判（例：だからお前はダメなんだ）につながり，気分の落ち込みや焦燥感をもたらすかもしれない。

CFT ではこうした状態に対して，安心システムを活性化することで心のバランスを取ろうとする。代表的な方法は心地よいリズムの呼吸（Soothing Rhythm Breezing : SRB）と呼ばれるものである（浅野, 2020）。この呼吸法はポリヴェーガル理論に基づき，呼吸を通して副交感神経を刺激し，安心や安全を感じやすい身体の状態を作り出す。このとき，SRB では単に「心が落ち着く」というだけではなく，「しっかりとそこにいる感覚」も教示する。それにより，優しさや穏やかさだけでなく，苦しみへの耐性や幸福になるための強さを育もうとしている。結果的にクライエントは不安感に圧倒される度合いが減り，自分にとって必要な行動（不安症の治療においては，エクスポージャーであることが多い）を取る準備性が高まる。

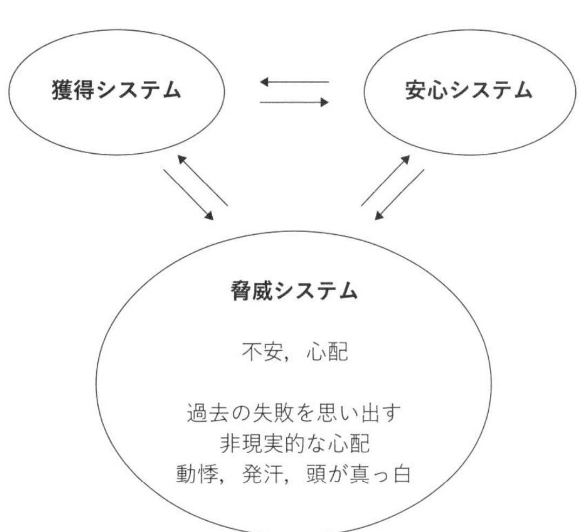

図 3　不安が生じたときの 3 つのシステム

CFT ではそのほかにも，コンパッションをもった自分や他者のイメージを練習していく。このとき，不安に戸惑っている自分を受け止めて理解を示し，優しく温かい態度をもって接してくれ，心強さや責任感を取り戻す手助けをしてくれるようなイメージを作り出してもらう。そのイメージがどんな表情や声のトーンで，どんな言葉をかけてくれるかをさまざまなモダリティを用いて感じ取っていく。そうすることで，安心システムのスイッチが入り，自分にとって最善の味方からの助言や励まし，共感を得ることができる。CFT では認知行動療法と同じように，不安の問題に対するエクスポージャー（曝露療法）も積極的に行っていくが，不安（脅威システム）への拮抗反応として先述の SRB で喚起されるような安心感（安心システム）を用いていく。また，コンパッションをもったイメージを通し，温かさや安心感だけでなく，心強さや勇気といった感覚を喚起することができるため，エクスポージャーに臨む自分を励ますイメージなども用いることができる。

Ⅴ　CFT によるうつへのアプローチ

CFT では，うつは感情というよりも気分に近いものと考えられており，より一時的なものであると捉える。うつにはさまざまな様相があり，自分自身を責めている状態もあれば，先々のことを考えて不安に駆り立てられている状態もある。他者とのつながりを求め寂しさを感じている状態や，つながりが得られなかったことに対して怒りを感じている状態も含まれるだろう。そして他者とのつながりを喪失したり，獲得できなかった際には悲しみという感情が喚起される。そのため，不安や怒りといった脅威感情と異なり，CFT ではうつの機能を単一的に述べることはせず，図3と同様に脅威システムが拡大し，獲得システムと安心システムが縮小している状態として捉えていく。

うつの状態像として特徴的かつ代表的であると考えられる自己批判（例：自分は失敗者だ）は，脅威システムが活性化し，自己に対する怒りや嫌悪感，先行きへの不安などを喚起された状態であると言える。そのため，不安に対するアプローチと同様に，SRB などを用いて安心システムを拡大することが役立つ。さらに，イメージ技法を用いることで，自分が苦しんでいる事情を理解し，温かく優しい立場から，自分自身に声をかけることができる（例：「悲しいことが起きて自分を責めてくなる気持ちになってしまうことはわかる。でも，あなたが本当に頑張っていることを私は知っているし，今回うまくいかなかったからといってあなたが失敗者であるということは全くない」）。

もうひとつの代表的なうつの状態像であるアンヘドニアに対しては，小さくなってしまった獲得システムを活性化することで，エネルギーや意欲，達成感を感じることができる。行動活性化はうつ病に対する効果的な治療法であるが，CFT では先述のイメージ技法を行動活性化と組み合わせて用いることがある。そうすることで，新たに取り組む行動の後押しをすることができるし，コンパッションを高めるような，自分自身に優しさを示す行動や，勇気をもって挑戦するような行動を提案することもできる。行動活性化において重視される喜びや達成感に加えて，安心感や平穏を得られるような活動を提案することで，獲得システムと安心システムの双方を活性化することが可能となる。

IV・V のなかで紹介してきた技法はいずれも認知行動療法を主としたさまざまな心理療法で用いられているものだが，CFT ではこうした既存の技法にコンパッションを高めるという視点から取り組み，クライエントが自分自身の願望に近づき，価値を感じる行動を取れるように支援を行っていく。その際には，進化心理学と神経科学の知見に基づく心理教育を行うとともに，治療者がクライエントに対してコンパッションを向けることを常に意識する必要がある。

VI CFT における感情の捉え方

CFT では種々の苦痛な感情を，願望が阻害された結果として生じている自然な反応であると捉える。そうすることで，ネガティブな感情を感じている自分に対する批判や評価を止め，その感情の背景にある（まだ気づいてはいない）願望を探索し，処理していく手助けをしていく。そのための手段として，コンパッションを高めることで安心や他者とのつながりの感覚を感じやすくし，自己に対する温かい態度，困難に立ち向かう勇気や責任感を培っていく。

感情に対して「立ち向かう」というよりも，なぜ自分にその感情が生じているのかを理解し，感情とその感情を抱いている自分にコンパッションを向け，人生のなかで起こる困難を乗り越えていくための最善の方法を模索していく。感情とその感情を感じている自分を知り，親身になってあげることが，CFT における感情へのアプローチの仕方と言える。

▶ 文献

有光興記（2014）セルフ・コンパッション尺度日本語版の作成と信頼性，妥当性の検討．心理学研究 85-1；50-59.

Asano K（2019）Emotion processing and the role of compassion in psychotherapy from the perspective of multiple selves and the compassionate self. Case Reports in Psychiatry, 2019, 7214752.

浅野憲一（2020）心地よいリズムの呼吸．浅野憲一－資料公開－researchmap（Retrieved from https://researchmap.jp/multidatabases/multidatabase_contents/detail/249723/c6bf5f6c88c16343eae5410280c3e915?frame_id=644201［2020年3月4日閲覧］）

浅野憲一，伊里綾子，Chris Iほか（2018）コンパッション・フォーカスト・セラピーの理論と実践．認知療法研究 11-2；176-186.

Asano K & Shimizu E（2018）A case report of Compassion Focused Therapy（CFT）for a Japanese patient with recurrent depressive disorder : The importance of layered processes in CFT. Case Reports in Psychiatry, 2018, 4165434.

Gilbert P（Ed）（2017）Compassion : Concepts, Research and Applications. Taylor & Francis.

Neff KD（2003）The development and validation of a scale to measure self-compassion. Self and identity 2-3；223-250.

弁証法的行動療法と感情調節

特に怒りに関して

松野航大 Kodai Matsuno
武蔵野大学通信教育部

遊佐安一郎 Yasuichiro Yusa
長谷川メンタルヘルス研究所

I　弁証法的行動療法

弁証法的行動療法（Dialectical Behavior Therapy：DBT）はLinehan（1993a, 1993b）によって開発された境界性パーソナリティ障害（Borderline Personality Disorder：BPD）などでみられる広汎な感情調節不全のための認知行動療法である。BPDをはじめ，摂食障害，薬物依存，うつ病，双極性障害，AD/HD，問題飲酒，親密なパートナーに対する暴力（DV）行為のある男性，自傷，DVの被害者の女性，刑務所に服役中の受刑者，少年院の在院者などに対する治療効果の実証的研究結果が報告されている（Linehan, 1993a, 2015）。DBTでは感情調節不全をこれらの障害に共通する中核的な問題として捉え，治療システムを構築している。今回与えられたテーマは，DBTにおいて怒りがどのように臨床的に扱われているかということであるが，DBTは怒りという感情のみの治療法ではない。しかし，怒りはDBTの治療のターゲットとして重要な感情のひとつである。そこで本稿では，DBTでは怒りを含む感情調節不全を改善させるためにどのような概念化を行い，治療を実践するかについて報告する。

II　生物社会理論

DBTは，パーソナリティ機能の生物社会理論に基づいている。生物社会理論では，感情が敏感，または傷つきやすいという個人の生物学的な特徴と，その個人に対する社会環境からの非承認的[注1)]な反応（非承認的環境）との相互作用が時間をかけて交流し合った結果できあがった，多くの感情の調節不全な状態をBPDだと捉える。この生物社会理論は数多くあるBPD以外の治療対象においても，同様に治療の中核的理論として扱われている。

ここでの非承認的環境とは「個人的経験に関するコミュニケーションが，不安定で，不適切で，極端な反応に遭うような環境」である（Linehan, 1993a［大野，2007］, p.64）。たとえば，感情的に敏感な子が怒りや悲しみ，嫌悪感や恐れなどの感情や行動を頻繁に表出することに対して，親はそれをたしなめて「いい加減にしなさい！」「なんであなたはいつもそうなの！」「○○ちゃんのようにどうしてなれないの？」などの対応をする。それが繰り返されると子どもは親の対応を，自分の感情体験自体が，そして自分の言動が間違っている，だめだ，ヘンだというメッセージとして捉え，罪悪感，自己嫌悪，恥，羨望，嫉妬などの感情反応も徐々に強くなる。そのような感情反応に対して親は，理解できない，受容できないという子の感情反応をさらに抑えようとする。こういったやりとりが繰り返されるような環境である。このような長年の相互作用の結果，感情調節不全が増悪している状態がつまりBPDの状態であると考えられる。筆者らは心理教育的な配慮から，利用者にとって比較的受け入れやすい表現だと思われる「感情調節困難」という平易な表現を採用している。表現は違ってもこの感情調節が困難な状態は個人にとって非常に苦痛な状態であるために，それらの感情を避けるためのさまざまな回避行動が試みられる。しかし，感情を抑えようとしても身体的にそれを体験する苦しさや，周囲からの非承認的反応の影響としての苦しさ，あるいはその二次的感情としての怒りから，感情失禁，暴言，暴力，器物破損という外に向けての衝動的怒りの表出，さらには過食，嘔吐，飲酒，薬物，自傷などの自分に向けた衝動的行動パターンもみられる。これらの衝動的行動は闘争・逃避状態，また時には解離的な状態下で起きることもある。そのような一連の衝動がさらに周囲からの非承認的反応を繰り返させる。DBTではそれらの衝動的行動を改善するために，治療戦略と呼ばれるさまざまな工夫を組み込んだ治療的介入を行う。

III DBTの治療戦略

DBTでは，治療目標を達成するためにセラピストが用いる活動や戦術，手続きを連携させたものを戦略と呼ぶ。数ある戦略を大きく分類すると，①弁証法的戦略，②承認と問題解決の核となる戦略，③スタイル戦略，④ケースマネジメント戦略にまとめられる。紙幅の都合からここでは承認と問題解決の核となる戦略について述べる。

承認戦略はDBTにおける最も明確で直接的な受容戦略であり，非承認と対照的な戦略である。承認はセラピストが利用者に対して「患者の反応は現在の生活の状況において当然のことであり，理解可能なものだと伝えることである」(Linehan, 1993a［大野，2007］, p.300)。利用者との相互作用において，セラピストは常に承認戦略と変化のための戦略の中核をなす問題解決戦略を，双方のバランスを取る形で用いる。感情調節が困難な状態で強い苦痛を体験している利用者にとって，その状態を受容されるだけで苦痛の改善がなければ，その状態の受容は非承認と感じられることがある。しかし，治療の初期段階においては，承認戦略の比重が大きいほうが効果的なことが多いようである。そしてDBTスキル訓練や個人心理療法が進んでいくプロセスで，承認戦略と問題解決戦略は状況に合わせてバランスを変化させながら進行する。

IV DBTスキル訓練

DBTでは，主として，個人心理療法，集団形態で行われることが多いDBTスキル訓練，電話コンサルテーション，セラピストのためのケース・コンサルテーション・ミーティングなどの治療形態が有機的に連動して治療が展開される。なかでも感情調節に関わるスキルの獲得に焦点を当てているのがDBTスキル訓練である（Linehan, 1993a, 1993b, 2015)。DBTスキル訓練は，マインドフルネス・スキル，感情調節スキル，対人関係スキル，苦悩耐性スキルという4つの心理社会的スキルを身につけることを目的としている。特にマインドフルネス・スキルは核となるスキルとして，すべての心理社会的スキルに関わる重要なスキルとして位置づけられている。標準的なDBTスキル訓練プログラムは基本的に各8週間（週1回約2時間半のセッション）の感情調節スキルモジュール，対人関係スキルモジュール，そして苦悩耐性スキルモジュールで構成され，マインドフルネス・スキルはすべてのモジュールに組み込まれている。なお，苦悩耐性スキルモジュールの目

注1）非承認はinvalidation, 承認はvalidationの訳である。validationは他の文献では認証，妥当化などの訳も使われている。

標は，感情調節困難に伴う苦悩に耐えられず衝動的行動を取ってしまうことで非承認的環境との悪循環を強化してしまわないように，苦悩に耐える対処策を身につけて，問題解決行動，そしてスキルの習得をより効果的に実行できるようにすることである。これらの心理社会的スキルを学習し，それらを日常生活で実践していくことによって，感情の調節，さらには参加者個々人の目標の達成が目指される。

V 怒りと心理社会的スキル

すべての心理社会的スキルにおいて，感情は常に重要な要素として取り上げられる。なかでも感情とそのコントロールを中心に扱うスキルが感情調節スキルである。感情調節スキルでは，「感情を理解する」「感情的傷つきやすさを減らす」「感情的苦痛減らす」ということが大きな目標となる。特徴的であるのが，感情のコントロールについて具体的な方法を学ぶだけではなく，その前提として感情そのものについて理解するところからスタートする点である。感情については，その種類や性質，その役割や機能を理解することによってはじめてコントロールがしやすくなる。そのため，感情調節スキルでは「感情の理解→感情の調節の方法」という大きな流れでプログラムが進んでいく。

感情調節スキルでは，怒り，嫌悪，羨望，怖れ，嫉妬，愛情，悲しみ，羞恥，罪悪感など，生まれながらにして備わっている感情が取り上げられる。DBT スキル訓練では，これらを中心にさまざまな感情を扱うが，参加者の多くに共通してみられるのが怒りの調節に関わる困難である。怒りの表現は攻撃的な色彩が強いので，周囲からの非承認的反応を喚起する可能性が高く，その結果さらに感情調節が困難になるリスクが高い感情であることもその大きな理由だと考えられる。

感情調節スキルではさまざまなスキルを学んでいくが，そのなかでも，感情描写の方法（Ways to Describe Emotion）と反対の行動（Opposite Action to Change Emotions）というスキルにおいて，怒りについて詳しく触れられている（Linehan, 2015）。感情描写の方法では，はじめに怒りの程度や特徴によって,「激怒」「いらつき」などさまざま種類の怒りがあることを知る。そして，どのような出来事が引き金になるか，怒りを喚起する解釈はどのようなものか，怒りの生物学的変化の特徴，怒りの表現や行動の特徴，さらにそれによって生活にどのような影響が生じるかなどについて学ぶ。そしてそれらの理解を参考に，日常生活のなかで自分の感情反応を振り返り描写する練習をする。

反対の行動は，感情が生起した際，その感情によって起こしたい行動（衝動的行動）と反する行動を取ってみるというスキルである。たとえば，母親が自分の気持ちをわかってくれないために怒りを感じ，身体に力が入り，母親を怒鳴りたくなる。そんなときに，母親を怒鳴るという行動とは反対の行動，つまりは，やさしく母親と話す，穏やかに母親から離れる，筋肉をリラックスさせる，または深呼吸をしてみるなどという行動をあえて行ってみるというスキルである。反対の行動は，怒りを感じて，それに伴って行動をすることが正当な場合とそうでない場合を理解することから始まる。たとえば，重要な目標がさえぎられていたり，自分や自分の大事な人が他者から攻撃されたり，傷つけられたりしているなどの場合は，怒りと事実が適合している可能性が高いと判断する。一方, 事実に対して怒りが正当でない場合や，怒りのままに行動することが効果的でない場合には，反対の行動が求められる。なお,「感情描写の方法」「反対の行動」では，怒り以外の他の感情についてもこのような構成で組み立てられている。

また，マインドフルネス・スキルも怒りをはじめとする感情のコントロールに有効である。たとえば，パートナーから言われた一言に反応し，瞬間的に怒りが沸いて，衝動的にパートナーを大声でののしりたくなったという場面を想像してもらいたい。このようなときには，まず，今自分に怒りが生じていて，衝動的に行動をしたくなっているということに気づくことが必要である。そのことに気づかないと，自動的に怒りを表現してしまう。これが繰り返されると「怒り→衝動的行動」という連鎖が生まれ，その行動パターンが強化されてしまう。そのため，衝動的行動を取らずに何らかのスキルを使用したいときには，まず，マインドフルネス・スキルを用いて，今この瞬間の自己の身体感覚，思考，感情などといった自身の体験に気づくことが役に立つ。そうすると，「今ここでどのようにふるまうのが効果的か？」ということを考える余地が生まれやすくなる。DBTスキル訓練の参加者の言葉を借りれば，「一歩立ち止まれる！」「『ちょっと待った！』と思える」というような状態であるという。その結果，現在の状況にふさわしい効果的なスキルを選択して，それを活用していくという方向に向かいやすくなるのである。

また，参加者からマインドフルネスを学んだことによって得られた気づきとして「今の自分の状態に気づくのが早くなった」「今の自分の状態に細かく気づくようになった」ということがしばしば報告される。

何かちょっとしたイライラを生じさせる出来事があったときに，それをきっかけに過去の出来事をいろいろと思い出して，身体に力が入り，イライラが我慢できないほど大きくなった……あるいは，何か小さな怒りを生じさせることを言われたため，その相手に文句を言った。すると相手も厳しい口調で反論し，その結果，口論になり，最終的には自身が激怒していた……など，このようなことは誰しもが日常生活のなかで経験することであろう。ここで注目したいのは，最初はさほど大きくなかった怒りの感情が，さまざまな出来事，認知，身体反応，感情，行動，非承認的な人間関係が積み重なることによって，場合によっては最終的に制御不能とも思われる激怒のような強い怒りになりうるということである。実際に，激怒のような強い怒りが生じている場合，怒りのコントロールは非常に難しい。しかしながら，強度が低い怒りやちょっとしたイライラであれば，強い怒りよりはコントロールしやすい場合が多い。つまり，怒りなどの感情のコントロールの際には，できるだけ早い段階で自身の感情に気づくことが大きな力となる。マインドフルネス・スキルによって，自身の体験に早く気づけるようになっていくことで，それに伴い感情のコントロールもしやすくなるという気づきの報告は多々みられる。

そして，マインドフルネス・スキルが身についてくると，今まで気づかなかった自身の体験に細かく，たくさん気づくことができる機会が増えてくる。DBTスキル訓練の開始時に怒りのコントロールを目的としていた参加者が，マインドフルネス・スキルの練習を継続していくなかで，怒り以外のさまざまな感情に気づいていくということは少なくない。当初は怒りしか自覚していなかった参加者が，「怒りだけじゃなくて，寂しいんだ」「怒りが最初に出てきていると思ったけど，その前に見捨てられるんじゃないかという不安や恐怖があるのかも」といった気づきを得ることもある。もちろん基本的には怒りが中心的な問題となっている参加者もみられるが，圧倒的な怒りに，恐れ，不安，寂しさ，悲しみなどが関連しているというケースも多い。

怒りの感情は，それに伴う衝動的行動を誘発する。そのため，怒りによって，対人関係が困難になったり，衝動的行動によるさまざまな心身の苦痛が生じたりする可能性がある。そのため，マインドフルネス・スキルや感情調節スキルだけでなく，怒りをコントロールするにあたっては，対人関係を良好にするための対人関係スキルや，衝動的行動とそれを誘発するようなつらい感情を乗り越えたり，上手に避けたり，あるいはそのつらさを受け入れたりするための苦悩耐性スキルも必要不可欠である。

Ⅵ　まとめ

DBTにおける感情調節を改善するための理論的基礎としての生物社会理論と，数ある治療的介入のなかからDBTスキル訓練，特にマインドフルネス・スキルおよび感情調節スキルを取り上げ，怒りの理解とその調節を目的とした治療的介入の一端を紹介した。DBT自体は複雑な治療システムであり，それなりの訓練も必要とする。さらに非常に包括的かつ統合的なアプローチのために，日本での普及，実践は非常に限られているようである。しかし，DBTのさまざまな要素を日本の臨床の場に適合させて活用することで，感情調節が困難なために生きにくさを経験している人々の支援に役に立つ可能性は大いにある。今後の展開が期待される。

▶文献

Linehan MM（1993a）Cognitive Behavioral Treatment of Borderline Personality Disorder. Guilford Press.（大野裕 監訳（2007）境界性パーソナリティ障害の弁証法的行動療法―DBTによるBPDの治療．誠信書房）

Linehan MM（1993b）Skills Training Manual for Treating Borderline Personality Disorder. Guilford Press.（小野和哉 監訳（2007）弁証法的行動療法実践マニュアル―境界性パーソナリティ障害への新しいアプローチ．金剛出版）

Linehan MM（2015）DBT Skills Training Manual. 2nd Ed. Guilford Press.

[特集] 感情の科学——リサーチマップとアプローチガイド

メンタライゼーション

愛着

池田暁史 Akifumi Ikeda
文教大学／個人開業

I はじめに

本稿の目的は，感情に焦点を当てた心理療法のひとつとして，メンタライゼーションに基づく治療（Mentalization-Based Treatment：MBT）を描き出すことにある。特に「愛着」をもう一方のキーワードにして，これに挑むことが私に与えられた課題である。ただし，この議論には，そもそも「愛着」は感情なのかという問題が潜んでいる。まずはこのことから議論を始めてみたい。

II 愛着は感情なのか

日常語で用いられる「愛着」が感情に関する言葉であることは疑いようがない。試しに『大辞林第四版』（松村，2019）を引いてみれば「慣れ親しんでいる人や物に心をひかれ，はなれがたく感ずること」とある。日常語においては「愛着」は「愛情」や「情愛」と強く連想させる概念といえる。

一方，専門用語の attachment に関していうと，近年，日本の研究者たちはこの語に対して「愛着」ではなく「アタッチメント」という訳を用いようとしている。私はそのこと自体の是非を論じようとは思わない。問題は，彼らが「アタッチメント」という訳語を採用する理由である。彼らは「アタッチメントと愛情は同じものでない」というのを最大の理由に，愛情と混同されやすい愛着ではなくアタッチメントという訳語を選択している（この辺の事情については，たとえば工藤（2020）の冷静な記述を参照）。これは確かに育児において母親の自己犠牲的「愛情」を求めがちな日本社会に，概念を悪用されてしまうのを防ぐといった効果があることは認めざるを得ない。

ただ，こうした影響を受けた一部の精神保健専門家が「アタッチメントと愛情とは同じものでない」という説明を誤解して「アタッチメントは愛情ではない」などとしたり顔で言い出すに及んで，私は焼け石に水かもしれないが，一石を投じる必要性を感じるようになった。たとえば愛着理論の創始者である Bowlby（1988）は晩年にあってもなお「愛情のきずな（affectional bond）」という言葉を多用していたし，「こうしてできあがった概念的枠組みは……愛，分離不安，悲哀，防衛，怒り，罪悪感，抑うつ，心理的外傷，情緒的離脱，初期の敏感期……に適応するように計画されている」と述べ，そこに愛という感情が含まれていることを明言している。愛情との区別化を図るあまり，この側面を忘れてしまっては，愛着研究が狭路に嵌まり込んでしまうのではないかと危惧している。

とはいえ愛着とは，不安や恐怖を感じたときに自分を護ってくれそうな対象へと物理的に近づくことで自らの生存確率を高めるシステムである。これは生得的な行動システムであり，不安や恐怖によって発動する。そして，その目的は安心感を確保することにある。こうして表面だけをみると，この一連の手順のなかに「愛／愛情」がキーワードとして登場しないという点も，「アタッチメントは愛情ではない」という誤解が広がる一要因となっているように思う。

しかし，保護を求めて接近しようとする相手に私たちが特別な情愛を抱いていないということは通常考えにくい。ここに何らかの「愛」を見出すことを嫌がる人たちというのは，大人の「愛」と子どもの「愛」が本質的に異なるという点を見落としているように思う。この違いをたとえばFerenczi（1933）は，「情熱の言葉」と「やさしさの言葉」として区別した。彼は子どもの愛が受身的対象愛──養育者から愛されたいと願う形での愛──として始まることを描いた。同じように考えれば，子どもが「ある特定の対象にピッタリとくっつくことで護られたい」と思うとき，それは大人が通常用いる意味での愛とはまったく異なっているが，それでもひとつの「愛」の形ではないだろうか。

これに関してはまだまだ言いたいことがあるけれど，これを続けていくと明らかに本旨に進めなくなってしまう。したがって，次に進むことにする。ただし，以上の理由から私は本稿でもattachmentの意味で「愛着」という言葉を用いることとする。

III　メンタライゼーションと愛着

メンタライゼーションとは，自分や他者の心的状態に思いを馳せること，および，自分を含む人の行為という表面的な（目でみえる）事象をその人のこころという内的な（目でみえない）観点から理解することをいう（池田，2019）。

メンタライゼーションの基盤は，私たちのなかに遺伝情報として存在しているが，それが健全に発達するかどうかは，生育環境に依存する。すなわち，養育者との安定した愛着関係のなかで，まだ自分で自分のこころがわかっていない乳幼児に代わって養育者がその子のこころを推測し，言葉にして伝えていくという作業の繰り返しによって育まれる。

たとえば，ようやくつかまり立ちができるようになった10～11カ月の乳児には，まだ「痛い」という概念ができあがっていない。つかまり立ちが楽しくて調子に乗った乳児は，ふとしたことでバランスを崩し，尻餅をついたり，倒れ込んで頭を床にぶつけたりする。すると，そのぶつけた部位に衝撃が走り，熱感が生じ，次いでジンジンとした不快な感覚に襲われる。大人である私たちは，すでにこれが「痛い」という概念（言葉）で表現されるものであることをわかっているので，「痛い！」で済むが，その概念を獲得していない乳児にとってはそうではない。これらの体験は表現不可能で自らの存在を脅かすような圧倒的な恐怖として体験される。したがって子どもは盛大に泣き出すことになる。

それに対して養育者が駆け寄って子どもを抱っこし，「あー，○○ちゃん，痛かったねー。でももう大丈夫よ。ほーら，痛いの，痛いの，飛んでけー！」と声をかけつつ，宥めることで，子どもはいましがた自分に起こった状況が「痛い」という概念（言葉）で表現されるものであること，そして養育者の態度をみている限り，決して自分に破滅をもたらすようなおぞましい体験ではないことを学んでいく。この繰り返しを通して，子どもは「痛い」という概念を身につけ，泣き出す代わりに養育者の下へ駆け寄って，「痛かったよー」と慰めてもらうことができるようになっていく。こうして養育者のメンタライジング能力が子どものなかに取り込まれ，子ども自身のメンタライジング能力となっていくのである。

最初のMBTである，境界性パーソナリティ障害に対するMBT（Bateman & Fonagy, 2004）は，こうした過酷な成育史ゆえにメンタライゼーションの発達が阻害され，①感情調節の障害（落ち込みやすい），②注意の制御の障害（我慢ができない），③覚醒システムの障害（対人刺激への過敏性），および④メンタライゼーションの障害（考えることが苦手）という状態を呈した患者を対象に開発された。

この治療では，治療者と患者とが良好な愛着関係を維持し，そのなかで患者が，①自分についてのメンタライジング，②他者についてのメンタライジング，そして③関係性についてのメンタライジングができるようになっていくことを目標とする。ここで求められているのは，患者がメンタライジングできるようになること——たとえば，手首を切る前に自分は「自分の苦しみを恋人に理解してもらいたい」と思っていたのだと言葉化できるようになること——であって，洞察を深めることや，自身のスキーマを説明できるようになることではない。

そのために用いられる治療者の基本姿勢が「わかっていない（not-knowing）」という姿勢である（なおこの語には「無知の姿勢」という訳もあるが，動名詞が訳に反映されていないという点で，私自身は他の訳を模索している）。これは「患者以上に患者のこころをわかっている人はいない」という前提の下，早わかりすることなく，適宜疑問や質問を呈しながら患者に考えることを促し，考えることの喜びを体験してもらうという姿勢である。

そのうえで技法としては，①「鉄は冷めてから打て」（患者が興奮しているときはこちらの働きかけを受け入れてもらえないので，まずは患者に落ち着いてもらうことを目指す），②転移トレーサー（将来，治療関係において患者と自分との間で立ち上がりそうな問題点をあらかじめ予測として伝えておく），③率直かつ真摯な態度，④巻き戻しと一時停止（患者のメンタライジングが破綻する直前まで時計を巻き戻し，そこから時計を1コマずつ進めていき，メンタライジングが破綻した瞬間で時計を止め，そのときの患者の情緒を探索する方法で，詳細は池田（2011）を参照）などが用いられる。

こうした一連の過程を受けて，Fonagy et al.（2008）はMBTのことを「愛着に根差した精神分析的臨床アプローチ」と呼んでいる。本稿では，これらの介入技法のうち，③率直かつ真摯な態度について，症例をもとに具体的に説明してみたい。なぜこれについて取り上げるのかといえば，これが治療者の自己開示という極めて繊細な問題をも含み込んでいるためである。なお症例は，私の複数の経験を組み合わせた架空の症例である。

Ⅳ 症例提示——率直かつ真摯な態度

記述的には特定不能のパーソナリティ障害と診断される20代の女性Aは，境界性パーソナリティ障害の診断基準は満たさないものの，不安定な自己像，慢性的な抑うつ，生命を脅かすほどではない自傷（太ももを抓る，爪で手首をひっかく）などを認め，私の下を訪れた。彼女の自覚的な主訴は「すぐ他人から見放されたと思ってしまい，死にたくなる」というものであった。

ある日の面接で彼女は開口一番，「もう死にたいです」と言うと，最近親しく連絡を交わしていて，彼女としてはこのまま恋人として交際できるのではないかと思っていた男性からのレンスポンスが急に悪くなり，メールに対する返信がやたらと遅くなっているし，内容も不愛想なものになってきていると語った。そして「彼から見放されるくらいだったら，もう死んだほうがましなの！」と叫んだかと思うと，突然「先生だってそうでしょ！　こんな話ばっかりしている私に呆れて，先生だって私をもう見放そうと思っているんでしょ！」と食ってかかってきた。以下，逐語的にみてみよう。

治療者：えーと，正直，驚いています。というのも私はまったく呆れたりしていなかったからです。とてもいい雰囲気だった男性と上手く行かなくなるかもしれないというまのあなたのお話を伺って，私はとても胸を痛めていたので，あなたが私からも呆れられて見放されると感じていらしたことに本当にびっくりしているんです。

患者：ウソ！

治療者：本当にそんな風には思っていなかったんです。でも私は，このことで私が正しくてあなたが間違っていると主張したり，あなたを咎めたりするつもりはないんです。私がとても大事だと思っているのは，この同じ状況を，あなたと私とがなぜこんな風に正反対に体験しているのかということなんです。私のどんなところから，あなたがそうお感じになったのかを是非，私に教えてもらえませんか？

患者：だって，先生，私の話を聞きながら目をこすっていたじゃないですか。呆れて，つまんなくて，眠くなってたんですよね。

治療者：あー確かに目をこすったかもしれません。それをあなたは私が呆れて退屈している証拠だと思われたのですね。なるほど。そう受け止めたとしたら，あなたがそう思うのももっともかもしれませんね。でも，私に自覚できる範囲ではそうではないんです。一般論でも結構ですので，私が目をこすっていた理由について，ほかに思い浮かべてみてもらえませんか。

患者：えー，ほかにですか。なんかあるかなぁ。やっぱり退屈してたからしか思い浮かばないけど……

治療者：思い浮かぶものなら何でもいいんです。私が花粉症で目が痒かったとか。

患者：先生は花粉症じゃないですよね。確か前に違うって言ってた。ほかに何かあるのかなぁ，睡眠不足とか？　でもそれだって私の話を真剣に聞いていたら眠くならないと思うんだけど。

治療者：あなたの話にウルっときて目頭を押さえていたのかもしれませんよ。

患者：マジ⁉　そんなことってあるのかなぁ？

治療者：絶対ないと言い切れますか？

患者：それは……絶対ないとは言えないけど……

治療者：ほかにも可能性はあるかもしれませんよね。それなのにあなたがいつも同じ結論に飛びついてしまうのを，私はいつもとても不思議に思っているんですよ。

ここで治療者は，最初に「呆れていない」という自己開示を行っている。これは通常の力動心理療法ではなかなか採用されない選択である。力動心理療法においてよく採られる選択は，おそらく「なぜそのように思われたのでしょう？」と質問で返すことであろう。MBT では，これは悪手と考えられている。というのも，患者はいままさに見放されるという不安から愛着システムが過活性化され，過剰興奮の状態にある。ここでこのような対応を取っても，患者は治療者が話をごまかしているとしか体験できず，ますます患者の不安を高める。そうすると患者の愛着システムはさらに過剰に興奮し，何としてでも治療者に捨てられまいとしてしがみつこうとする。結果として患者はさらに治療者を問い詰めたり，自傷や自殺企図といった行動化を選択しようとしたりするかもしれない。

このように感情に圧倒された状態では，患者のメタライジングは上手く機能しなくなる。つまり，落ち着いて考えることができなくなる。患者がきちんと考えることができるためには，患者の情緒覚醒を一定範囲内に保たなければならない。そのために，MBT の治療者はまず患者の興奮度を下げることを考える（「鉄は冷めてから打て」）。そのためにはこのように最初に自己開示することも厭わない。患者の一番の関心事に明確に答えを与えて，とりあえず患者の情緒的興奮を下げる方向を目指すのである。

もちろん治療者が本当に呆れていた場合は，その旨を答える。そのうえで「いつもはあなたのためにと思って一生懸命に考えている私が，なぜ今日に限って呆れてしまったのか，自分でもわからないんです。今日の私にどこかいつもと違うおかしなところがあるのでしょうか。それとも今日のあなたがいつもと違っているのでしょうか。それともあなたと私の間で何かボタンの掛け違いが起きているのでしょうか。本当にそこがよくわからないので，一緒に考えてもらえたら助かるのですが」というようなことを伝える。そうして，ここで何が起こっているのかに患者の関心を向けていくのである。

こうして患者のメンタライジング能力を保つ（患者が考えられる状況を維持する）ために，あらゆる臨床的努力を厭わないのが，MBTの特徴と言えよう。

V　おわりに

メンタライゼーションが感情をどう扱うのかについて，愛着の観点から考察した。不安や恐怖によって愛着システムが過剰に活性化されることでメンタライジング能力が低下することを防ぐために，情緒覚醒を適切な範囲内にコントロールすることが重要であることを説明し，MBTがそのために特化した技法をもつことを症例をもとに示した。本稿が読者のMBTを学ぶ動機づけにいささかなりとも貢献することを願っている。

▶文献

Bateman A & Fonagy P（2004）Psychotherapy for Borderline Personality Disorder : Mentalization-based Treatment. Oxford University Press.（狩野力八郎，白波瀬丈一郎 監訳（2008）メンタライゼーションと境界パーソナリティ障害―MBTが拓く精神分析的精神療法の新たな展開．岩崎学術出版社）

Bowlby JA（1988）Secure Base : Clinical Applications of Attachment Theory. Routledge.（二木武 監訳（1993）母と子のアタッチメント―心の安全基地．医歯薬出版）

Ferenczi S（1933）Confusion of tongues between adults and the child : The language of tenderness and of passion. In : Final Contributions to the Problems and Methods of Psycho-Analysis. Hogarth.

Fonagy P, Gergely G & Target M（2008）Psychoanalytic constructs and attachment theory and research. In : J Cassidy & PR Shaver（Eds）Handbook of Attachment. 2nd Ed. : Theory, Research, and Clinical Applications. Guilford Press.

池田暁史（2011）力動精神療法に認知的視点を組み込む―メンタライゼーションに基づく治療．精神神経学雑誌 113 ; 1095-1101.

池田暁史（2019）メンタライゼーションとは．こころの科学 204 ; 2-8.

工藤晋平（2020）支援のための臨床的アタッチメント論―「安心感のケア」に向けて．ミネルヴァ書房.

松村明 編（2019）大辞林 第四版．三省堂.

［特集］感情の科学――リサーチマップとアプローチガイド

動機づけ面接における感情について

山田英治 Eiji Yamada
東京家庭裁判所立川支部総括主任家庭裁判所調査官／公認心理師／動機づけ面接トレーナー

I はじめに

本稿では，動機づけ面接において行動変容を促進する感情，特に，変化への関心，好奇心，希望，納得感，満足感，ひらめきといった肯定的な感情と，これらの感情を引き出す動機づけ面接のスピリット，プロセスおよびスキルについて論考する。

II 動機づけ面接とは何か？

動機づけ面接がどのように効果を発揮するかについて，Miller と Rollnick は「協働的かつ目的志向的なコミュニケーションのスタイルであり，変化に関する言語に対して特に注目するものである。受容と深い共感をもたらす環境の中で，本人自身がもつ変わる理由を引き出し，探ることによって，本人の動機づけと特定された目標に向かうコミットメントを強めるようにデザインされている」としている（Miller & Rollnick, 2013）。

動機づけ面接は，最初に，アルコールの問題を抱えるクライエントとの面接で用いられ，その後，司法領域でも用いられるようになった。面接の場に来たくて来たわけではないクライエントの行動変容をどのように支援できるのかに焦点が当てられ，実践が始まった。

動機づけ面接は，「動機とは何か」「意欲とは何か」といった理論や構成概念から成り立った面接スタイルではない。クライエントの行動変容に効果的な面接者の行動を言語化して実証を積み重ねた結果もたらされたコミュニケーションスタイルであり，実証に基づいてバージョンアップを続けている。

III 動機づけ面接のスピリット，プロセスおよびスキル

動機づけ面接のスピリットには，協働，受容，思いやり，喚起という4つの要素がある。受容のなかには，さらに「正確な共感」「是認」「自律性の支援」「絶対的価値」の4つの要素がある。スピリットが面接のプロセスとスキルを支える。

動機づけ面接の鍵となるプロセスは，関わり，フォーカスし，引き出し，計画する，である。関わりは，面接者がクライエントと協働的な作業同盟を結ぶことである。動機づけ面接のフォーカスする，引き出す，計画するプロセスには，明確な方向性がある（Miller & Rollnick, 2013）。典型的には特定の行動変容を標的とし，その行動をすることについての両価性を明確にし，クライエントから変化する理由や資源を引き出し，健康的な行

動への動機づけを高め，具体的な実行計画をする。

動機づけ面接のスキルは，動機づけ面接のプロセス全般において用いられる面接者が積極的に聴くための技術である。これらは，それぞれの英語の頭文字を取って「OARS」と呼ばれる。開かれた質問（Open question），是認（Affirmation），聞き返し（Reflection），要約（Summary）である。面接を前に進めたり，減速して振り返ったり，面接の方向性を変えるためのボートを漕ぐ「オール」に例えられる面接をする際の道具である。スピリットにある「思いやり」といった目に見えないものを見えるものにする具体的な方法である。動機づけ面接では，これら「OARS」を用いて，次に挙げる変化に向かう言語を育てるのである。

IV　変化に向かう言語——チェンジトーク

動機づけ面接における会話の多くは変化に焦点が当たっている。Amrhein et al.（2003）は，変化に関わる言葉である「チェンジトーク」として，希望（変わりたい），理由（変わるとよいことがある），必要性（変わる必要がある，変わらないと困る），能力（変わることができる），コミットメント（実際に○○します）の5つを特定した。現在，コミットメント直前の言葉として「活性化」（○○する気がある），「段階を踏む」（少し○○してみた）が含まれている。チェンジトークは，クライエントにとっての変化の重要性や自信を評価する言葉である。このうち希望，理由および必要性は，変化の重要性，能力は変化する自信に関わる言葉である。チェンジトークは，ひらめき，ワクワク感，希望という肯定的な感情を含んでいる。動機づけ面接では，チェンジトークを大切に育て，クライエントが現実的に変化を思い描けるようにすることによって，両価性を解消し，行動変容に向かうのを支援する。

V　両価性を扱う

人は，「やめたいけど，やめられない」「やらなきゃならないが，やりたくない」という両価的な気持ちをもつことがある。人は長い間，両価的な気持ちをもちつづけると，変わりたい希望や変わることができる自信を弱める。さらに，変わることは大切ではないと重要性を否定し，変わろうとする意図を弱める。動機づけ面接において，解消されない両価性は，人を無気力にさせ，クライエントがより満足の行く生活をするのを制限している中核的な要因と考える。

クライエントは，わかってはいるけれどやめられない行動，やらなければならないのにやっていない行動について，日頃から自分だけで考えつづけ，しかし曖昧なまま手応えが得られず，そのことによる不快な感情の体験を避けつづけて行き詰まっている。本当に大切にしている価値だからこそ，簡単に言葉にしたり，人に伝えたりできないと感じていることもある。クライエントは，両価性に関わる感情を受容される安心安全な環境のなかで，日頃から感じて，考えていたことや大切な価値を自分の身体を通して言葉にすることができれば，その言葉を言うと同時に自分の耳で聴き，面接者から正確な共感による言葉を伝え返される（聞き返される）ことで，3度自分の言葉を身体に通す。この体験を重ねることによって，クライエントは普段感じて，考えてきたことへの実感や手応えを確かなものにする。

両価性があることは，変化へのためらいを感じると同時に，変化したいという希望を感じているとも言える。動機づけ面接では，変化へのためらいよりも変化への希望を探索して強めて，バランスを変えて両価性を解消することで行動変容を促進する。

認知的視点（ものの見方）から検討すると，解消しない両価性は，どちらの選択がより良いのか決められないことをいう。つまり，クライエントの変化する理由は，現状のままでいる理由とほぼ同じ重みがあるということである。この視点から，面接者は，クライエントが両価性を解消するために注意深く選択肢を検討し，どの選択肢を選んで進むべきか決められるように支援する。

面接者は，面接のプロセスにおいてクライエントの強みに焦点を当てつづけることによって，クライエントと協働して，クライエントにとって意味のある選択肢の幅を増やしていく。面接者はクライエントの選択を明確にして自律性を強調し，支援しながら，そのプロセスを促進していく。プロセスにおいて，自律性の強調および支援に焦点を当てつづけるための原動力はクライエントの感情と価値である。

VI　動機づけ面接における感情と価値

動機づけ面接において，クライエントにとって最善の結果を生み出すための最も重要な情報はクライエントの感情と価値である。動機づけ面接は，クライエントが感情を解放するのを支援する面接技法とも言える。動機づけ面接では，クライエントの変化することができるという自信を低め，どうすればよいのかわからなくさせている両価性によって感じる不満足感を解消できるように支援する。面接者は，クライエントが望む未来と，現状のままでは将来体験すると予測されることとの間にある矛盾への気づきを促す。人に備わる間違いを指摘して正したくなる反射を誘導し，クライエントの肯定的な動機づけやひらめきを強調する。矛盾への気づきは，違和感，不安，恥，居心地の悪さといった否定的な感情を伴うことがある。クライエントは矛盾に気づいたとしても，否定的な感情を伴ったままで，面接者とのやりとりに希望がもてなければ，面接者とのやりとりから距離を置くことになる。関わりのプロセスを続けるためには，クライエントが否定的な感情を体験した後に，肯定的な感情を伴う体験が必要である。その際，面接者は，クライエントの価値に沿って目標を明確にし，目標に向かうことができる強みを再確認し，リフレームして視点を拡げる。これによってクライエントは，否定的な感情を表現した後に肯定的な新しい感情を体験することができる。この体験を面接者の聞き返しによってありのままで共感的に理解されることで，クライエントは感情体験を修正することができる。否定的な感情を体験したとしても肯定的な感情も体験できるという希望をもちつづけることが体験的に理解され，クライエントと面接者の協働的な作業同盟も強まる。

動機づけ面接では，面接者は聞き返しを用いて，クライエントと共感の成立を確認し合う。このつながりを用いて関わり合い，当事者であり，状況や強み，資源を一番知っていて持っているクライエントと，臨床の専門家である面接者が，互いの専門性を最大限に発揮して，クライエントの不満足感や苦痛を積極的に軽減し，クライエントが行動変容のために必要だが苦痛を伴う作業に自らコミットするのを支援するのである。

一旦，クライエントが変化への関心や好奇心を強めると，クライエントは，以前には拒否したり，あきらめた選択肢についても考慮しはじめる。自分の状況を認識するうえで柔軟性が高まると，両価性の解消を促進させ，変化につながる行動への取り組みを強める。クライエントは，新たに検討した変化の方向に向けて，クライエントが望む結果が得られる可能性を高めるために結果の改善に直結する特定の行動やスキルを改善していく。クライエントは，自分の価値に沿った目標に向かう肯定的な変化への動きを実感することによって，変化への自信を増し，目標に到達できるかもしれないという希望を強め，自己効力感や気分を改善させ，当初思い描いていたよりも変化の勢いを増すことさえある。

VII　事例

以下は，動機づけ面接の特徴を示した架空の事例である。

A子は，アルコールの問題を抱えて精神疾患の診断を受けた。2人の子どもの母である。児童相談所が介入し，子どもたちは一時保護された。無職で，生活保護受給中である。A子にはA子の状況をよく知る友人B子がいる。

面接者：最近はどのようにお過ごしですか？（開かれた質問）

A子：わかりません。生活には困っていません。B子は昔からの知り合いですし，よく私の様子を見に来てくれています。ほかの人がB子と同じように私のことをわかるはずがありません。

面接者：体の調子とか気分とかがどんなものかわかってくれる人がいることが大切なんですね（価値を含んだ聞き返し）。

A子：そうです。彼女は，私がうまくいかないときもよくわかってくれます。ほかの人だとここまでは付き合ってもらえないし，理解してくれないと思います。

面接者：そうするとあなたには，自分のことをよくわかってくれて，必要なときには力を貸してくれる人がいらっしゃるんですね（強みを含んだ聞き返し）。

A子：そうです。B子は，子どもがいるときは，子どもたちの世話をしてくれました。とてもいい人なんです。

面接者：彼女はとてもいい友達で，彼女とのいい関係を本当に大事にしてこられた（是認）。

A子：そうです。

面接者：そうするとかなりうまくいっていて，今のところ全く不満はない（増強した聞き返し）。

A子：全くということはないです。生活に困ってはいないけど，でもやっぱり，子どもたちと一緒に暮らしたいです。今は，一時保護所にいます。私が子どもの世話をうまくできないと思われているので。でも，そんなことはないです。一時期，薬の影響で調子が悪くなったことはありましたが，すぐによくなったし，子どもらのことを放っていたんじゃないんです。児童相談所の人が無理やり子どもを連れて行ったんです。児相の人は私のことを何も知らないのに子どもを連れ去ったんです。私は子どもが大切ですし，きちんと育てられます（価値や目標を含む陳述）。

面接者：子どもらが連れて行かれた。あなたはいい母親でいたいと思うし，子どもたちと一緒に暮らしたい（価値と希望を含んだ聞き返し）。

A子：その通りです。ほかに何を望むんですか。私は母親なんです。子どもがとっても大事なんです（価値を含む陳述）。

面接者：お子さんのことをとても大切に思っていらっしゃる（価値を含む聞き返し）。

A子：そうです。

面接者：子どもたちが戻ってきて，また一緒に暮らせるようになったら，どんな生活になりそうでしょう？（希望と努力の領域における強みのアセスメントを行う開かれた質問）

A子：そりゃあ，いちいち児童相談所に何か言われなくてもいいし，私と子どもだけで気兼ねなく過ごせる。私も自分をいいお母さんだと思えるし，公園に遊びに行ったり，一緒に楽しく食事ができる。一人で食べる食事はおいしくありません。

面接者：お母さんとして子どもらの世話をしていたこともあるし，子どもたちとうまく暮らせていたことがあったんですね（強みを含む聞き返し）。

A子：もちろんです。

面接者：そのときは何がうまくいっていたんでしょう？（強みの詳細を尋ねる開かれた質問）

A子：うーん。一番は，忙しくて疲れて夜はすぐに子どもたちと寝ていたし，お酒を飲んでいる暇はなかったかな。児童相談所がしてほしいのはそういうことだと思います。お酒を飲んでないときは，子どもと一緒に暮らせていました（強みに関係する特定の状況に係る陳述）。

面接者：お酒を控えて，子どもと一緒に過ごせていた。そうすると，今，お酒についてはどうしようと思っていらっしゃいますか（強みと希望の領域についての聞き返しと目標行動についての開かれた質問）。

A子：うーん，そうですね。ちょっとお酒をなんとかしたほうがいいかもしれない。児童相談所の人も私がお酒を飲みつづけていれば，子どもは戻せないと言っていますから（目標行動を意識した陳述）。

事例では，面接者がクライエントの強みのアセスメントを行った。強みのアセスメントを行う目的は，希望や努力している領域の探索によってクライエントの個人的な価値および目標を特定することである。個人的な価値および目標は，現在ある強みおよび過去の資源と繋がっている。

VIII おわりに

動機づけ面接は，安心安全な環境のなかで，クライエントが価値やありたい自分と現状における行動を探り，よりよい未来を描き，過去の成功や資源を思い出し，クライエントが自らの生活を改善できる能力への信頼を増し，具体的な行動変容に向かうことを支援する。加えて，動機づけ面接は，クライエントの葛藤や不満といった否定的な感情を強める矛盾を解消し，自身の課題にクライエントが自律的に向き合い取り組むことを支援する。動機づけ面接を通じて引き出される関心，好奇心，希望，充足感，ワクワク感，ひらめきといった感情は，クライエントの行動変容のプロセスを勢いづける。動機づけ面接における感情の役割を検討することは，動機づけ面接における行動変容のプロセスを検討するうえで重要な課題である。今後，動機づけ面接における感情の役割や，自律性の支援を行ううえでの関係性を考えるにあたって，アタッチメント理論など，関係性と感情に焦点を当てた理論や介入との統合を試みた実践が積み重ねられることが期待される。

▶文献

Amrhein PC, Miller WR, Yahne CE et al. (2003) Client commitment language during motivational interviewing predicts drug use outcomes. Journal of Consulting and Clinical Psycology 71-5 ; 862-878

Miller WR & Rollnick S (2013) Motivational Interviewing Helping People Change. 3rd Ed. Guilford Press.（原井宏明 監訳（2019）動機づけ面接［第3版］上・下．星和書店）

Wagner CC & Ingersoll KS (2013) Motivational Interviewing in Groups. Guilford Press.（藤岡淳子，野坂祐子 監訳（2017）グループにおける動機づけ面接．誠信書房）

[特集] 感情の科学——リサーチマップとアプローチガイド

グリーフケア・悲嘆カウンセリング

悲嘆

山本 力 Tsutomu Yamamoto
就実大学大学院

I 喪失に伴う悲嘆

日常用語の悲しみや悲哀を含む，喪失に伴う感情体験を学術用語ではgrief，つまり悲嘆という用語で表す。悲嘆とは，心理的な喪失を認知した際の情動的・認知的・身体的・行動的な諸反応である。大切な人と離別したり，死別したりする場合だけではなく，夢や自尊心が打ち砕かれたり，馴染んだ生活の場を奪われたりしても生起する。精神分析的な視座からは「対象喪失」に伴う強い情動反応であり，その情動的な危機に対処して，内的な適応を遂げていこうとする主体的な営みをモーニングワーク（喪の仕事）と呼んでいる。

最初に，悲嘆（grief）と悲しみ（sadness）は同義ではないことを確認しておかねばならない。正確には悲嘆反応と言ったほうが適切かもしれない。悲嘆反応とは，ショック，恋い慕う情，悲痛や抑うつ，怒りや自責，絶望や孤独，無力感などさまざまの感情を総称した用語である。また胸が締め付けられたり，息苦しくなったり，食欲がなくなったり，身体が重くなったり，人と会いたくなくなったり，故人以外は愛せないと感じたりもする。だから悲嘆反応とは，メジャーな喪失を認知した際のbio-psycho-socialな全人的な反応とも言えよう（図1を参照のこと）。

死別に伴う悲嘆を癒やそうとする支援は，我が国ではグリーケアと呼び習わされている。グリーフケアの担い手は，主に家族や親族であり，身近な友人たちである。喪失の危機にある人々の大半は身近なサポート資源の支えや応援を得ながら，主体的に快復し，故人のいない世界に時間をかけて適応していく。悲痛が耐えられる限度を超えそうになったり，スタックしたまま慢性化したりすると，同じような経験をした人たちが支え合う自助グループを探して参加したり，誰かに紹介されて，いわゆる悲嘆カウンセリング（Worden, 2009, 2011）を受けに来る人もいる。

筆者は，若い頃から死別の悲嘆と戦う遺族やガン患者の心理面接に関心を持ちコミットしてきたので，そうした臨床事例に基づいて，グリーフケア，特に日常の心理臨床で悲嘆カウンセリングを実践していくうえでの要点を簡潔に述べてみたい。

II 悲嘆カウンセリングの事例——自死遺族の個々人の心の戦いに同行しながら支える

Aさん（20代・独身女性）は，父，母，兄，妹の5人家族で育った。高校を卒業するとすぐ，

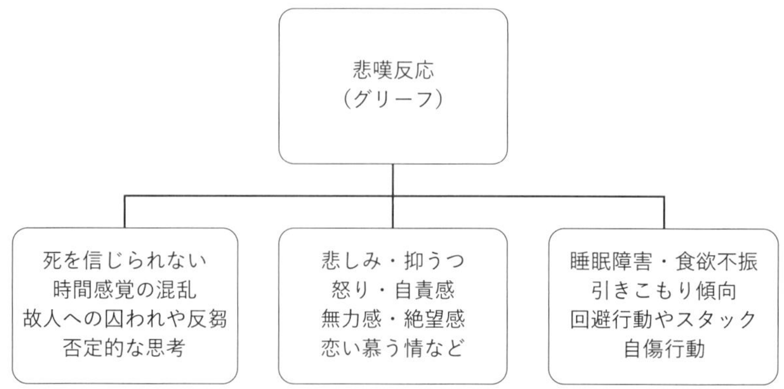

図1　悲嘆反応を構成する認知的・情動的・行動的な特徴

家族間の葛藤や疎外感もあり，自らの意思で遠くの地で就職した。慣れない土地で苦労しながら生活しながら，ときどき泣き言や愚痴の電話を，母親やきょうだいに掛けてきた。数年を経たある日，Aさんが自ら命を絶ったとの連絡が警察から家族に入った。元気がないとは気づいていたが，そこまで追い詰められているとは誰も考えていなかった。予期しない悲報で，家族全員の生きる世界が突然に変貌し，暗転した。

悲報から半年あまりして，Aさんの母親（Bさん）がカウンセリングの利用を求められ，2～3週間に1回の頻度でカウンセリングが開始された。その後，他の家族成員もオン・ディマンド方式で交代して来談した。またセラピスト（支援者）の判断で，家族全員での「分かち合い」の機会も何度か持った。そして約2年間で一区切りがつき面接を終結した。なお，以下の記述はいわゆる事例報告ではなく，悲嘆カウンセリングの技法上の要点に関わる説明に重きを置き，その一般的な留意点を具体化するために，Aさん家族の経験の一部を借りて用いたことをお断りしておきたい。

1　安心して語れる空間

心理療法やカウンセリングでは，許容的で，安心と信頼を感じられる「対人の場」を作ることが基礎・基本である。利用者のネガティブな感情と向き合い，非審判的な態度で傾聴し，しっかりと気持ちを受け止める。ことに死や死別という深刻なテーマを扱う場合は，セラピストの共感的かつ揺るぎない態度が求められる。Aさん一家が経験したトラウマティックな死別の出来事は「非公認の悲嘆」とも称されるように，誰にでも話せる経験ではない。ここなら感情を吐露し，本音を話しても大丈夫という対人の場を醸成するよう心がける。もちろん守秘が保証されるという約束も欠かせない。必要なら連携してサポートネットワークで守る。

2　泣きながら話す作業

最も助けを必要としていた，A子さんの母親（Bさん）にまず会った。簡潔に面接の説明と導入をして耳を傾けると，堰を切ったように，Bさんは話しはじめた。話すにつれ，涙があふれ泣きながら話すため，話す内容をよく聞き取れないほどであった。グリーフケアの現場では珍しくないが，出来事の生起順序が錯綜し，誰のことを話しているのかも混乱しがちで，筋立って語れない。いつの誰のことかを確認しながら，懸命に耳を傾けた。

涙を流し泣くという“情動表出”，気持ちを話すという“自己開示”は，変化に向けての第一歩である。思い詰め緊張した面持ちで来談されたBさんが，初回の1時間あまりの吐露を終えて退室される際には，どこか解放され安堵した表情に変わっていた。受付の事務員が「表情が別人みたいに良くなって帰られました」と報告してくれた。

3　故人を再生・再建する作業

数回，辛い体験を聞いた後，Aさんが，どんな人なのか，セラピストがリアルに想像したいと思い，「もしAさんの写真があれば，次回にでも見せてもらえないでしょうか」と慎重に尋ねてみた。故人の写真を見るのは辛いと感じる遺族が多いので，無理にとは言えない。次のセッションで，Bさんは写真を持参され，2人で見ながら，写真にまつわるAさんの思い出を共有した。Bさんは，思いの外，楽しそうな笑顔の写真が多いことに気づき，「こんな楽しそうな経験もしていたのですね……忘れていました」と嬉しそうに語られた。セラピストは元気な頃の思い出に耳を傾けることで，いま・ここに故人を天国から呼び戻し，蘇らせるつもりで，故人のイメージを思い浮かべながら傾聴した。

また一般論になるが，遺族が記した手記を読むと，最初に死別の経緯が語られ，その後は故人の生い立ちや人生が大半のページを割いて綴られている。なぜ，そういう構成になるのか。多くの場合，記憶を蘇らせ，「故人を文字にして再生させ」，この世に「生きた証」を書き残したいという意図が働くからであろう。

4　絆を切るのでなく，結び直す

死別に伴う喪のプロセスで，長年大きな争点になってきたことが，「なんとか故人のことを諦めて，辛い悲しみから早く脱出するのか」「故人を心の中に生かしつづけて，悲しみと共に生きるのか」という対立する2つのモデルである。前者が古典的な「脱カセクシス（de-cathexis）」仮説である。しかし，近年の喪のプロセスに関する臨床実践モデルとしては，Klass et al.（1996）が概念化した「継続する絆（continuing bonds）」仮説を支持するのが主流となっている。

Aさん一家は当初，亡くなったAさんのことを話すことができなかった。一人ひとりが辛さを抱えながら，その気持ちを話し合って共有することなどできなかった。Aさんの話題はタブーになっているようにさえ感じられた。

あるとき，営業職をしている父親が顧客のひとりに「お子さんは何人ですか」と尋ねられた。一瞬，答えに窮して「2人です」と口にした。そのエピーソードを父親から聞いて，セラピストは，「3人でしょう。お子さんは……」と思わず呟いた。父親は深く頷きながら，涙をこぼした。ある時期に，家族全員に集まってもらって，一緒に話すことでお互いの気持ちを知る機会を設けた。久々の家族の輪に天国からAさんが戻ってきたように感じた。故人との絆を「切る」のではなく，切れそうになる絆を「結び直す」ことが大切であると筆者は思う。故人を内的対象として心の中に「再配置」（Worden, 2009；山本，2014）して，共に生きていくアプローチである。この世にはもういないけれど，心のなかにはいつもいる，そんな「同行二人」の内的感覚を持つことができれば最良であろう。

5　後悔や自責の念の緩和

突然の喪失による悲嘆にはしばしば後悔や自責，罪悪感が随伴しがちである。Aさん一家も，皆それぞれに強い自責の念を抱いていた。「もしAちゃんからの愚痴をちゃんと聞いていたら……」「妹にもっと優しくしておいてやれば……」「出張の際に下宿先に立ち寄ってやっていれば……」。おおかたの自死遺族は程度の差はあれ後悔や自責の念を繰り返し反芻し，癒やしがたい心の傷を残すことが少なくない。悲しみは自然な情なので併存して生きていくことになる。ところが，後悔や自責の念の執拗な反芻はなんとかして緩和しないと，複雑性悲嘆になって遷延化するリスクが生じる。Aさん一家のカウンセリングでも，一緒に現実検討をしたり，根拠をもって「その点では，あなたに全く非はないと思うよ」と明言したり，「……ところで，そんなときに少しでも気晴らしになることは？」とセラピストから話題を転換することを試みた。どのような介入が緩和に有効かは，ケースバイケースであろう。

6　物語り直して消化する

母親は娘の生い立ちと娘との関係を何度も反省し，何度もセラピストに話しつづけ，ゆっくりと受け入れがたい悲痛を心の中で消化していった。ある遺族がグリーフワークを「悲しみの消化作業」と自らの経験に照らして訳したが，受け入れがたい悲痛を「消化」していく喩えは，服喪という経験の一面をうまく言い当てている。A さんの家族も三回忌を迎える頃にはそれぞれの生活に戻り，A さん不在の世界に少しずつ適応していった。少なくとも当初のような自分への責め苦や後悔をもたらす原因追及は消えて，仕方がないこととして認知されるようになった。

7　リアリティワークと気晴らし

筆者は，モーニングワーク，つまり喪の仕事（小此木，1979）を再定義して，グリーフワークとリアリティワークの2つの対処行動から構成されるとみなしている（図2を参照）。喪失の悲しみに向き合うのがグリーフワーク，眼前の現実生活に目を転じて，主体的に取り組むのがリアリティワークである（山本，2014）。

悲嘆の奈落に引き込まれそうになるのを，現実生活での何らかの手がかりを掴んでコミットする。だから意思の力がいる。Strobe & Schut（1999）の定式化した回復志向のコーピングと軌を一にするアイディアである。B さんは，しばらくして仕事を再開した，兄は A さんとよく一緒に行った釣りに出かけるようになり，支援ボランティアをしたりするようになった。父親は天気が良い日は畑仕事に精を出すのが気晴らしになると話した。1年近く経った頃には，家族それぞれに笑顔も見られるようになった。

遺族とは，喪に服して，悲しみに暮れるだけの存在ではない。楽しめることがあれば，楽しむのも良いし，笑えることがあれば思いっきり笑えば

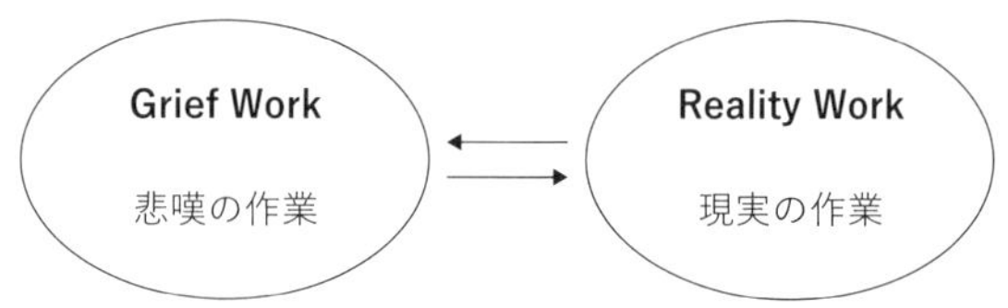

図２　広義のモーニングワークにおける二層の対処行動

良い。そうした陽性の行動は，喪失の「否認」ではないし，「躁的防衛」でもない。楽しんだら故人に申し訳ないと考える必要もない。眼前の現実生活をこなしていくうちに，悲しみの皮膜が1枚，また1枚とはがれていく。

8　葬儀，納骨，宗教的儀式

服喪行動の仕方は国や民族の文化によって異なる。葬儀の仕方，納骨の時期や場所，仏壇やお墓参りの有無，法事など，宗教的な儀式にも心を配ることが大事である。宗教儀式という枠を通して，個々人の死別への対処法があぶり出される。例えば，A さんの父母は納骨の時期をできるだけ遅らせて，手元に置いておきたかった。兄は早くお墓のなかに納めたら良いと考えていた。鬱々とした日々を送る末の妹は納骨だけでなく宗教行事全般を避けがちだった。筆者の基本的な考え方としては，遺族の宗教的儀式に参加する行為を，故人との交流の仕方とみなして，その話も興味深く聴いている。

9　十人十色の喪のプロセス

メジャーな喪失という事態への対処のプロセスがモーニングプロセス（喪の過程）である。悲嘆学の発展史では，モーニングプロセスの概念に関しても議論が戦わされてきた。かつては段階説が主流であった。しかしながら個々の事例をよく観察すると，喪失の危機を乗り越える道筋は一様ではない。十人十色のモーニングプロセスがある。事実，A さんの家族も喪失の危機の受け止め方，悲しみの表現の仕方，対処の仕方はみんな違っていた。一人ひとりが藻掻き，試行錯誤しながら，

自分なりの道を開拓して前に進んでいった。2年間の支援の旅路における最終回にはまた全員が集まって，2年間をあれこれ振り返った。Aさんへの想いを核にして，家族の結束が確実に深まっていた。

III　受苦的体験を主体的体験へ

喪失と悲嘆の経験を乗り越えていくのに一様なアプローチがあるわけではない。死や死別の状況により，故人との関係性により，周りのサポート資源やレジリアンスにより，さらには社会・文化的コンテクストにより，乗り越える方法は個々人さまざまとなろう。

多くの場合，喪失の危機は，予想外の時に，突然にやってくる。そして受け身的に巻き込まれる。その受け身的に呑み込まれる激流の最中で，なんとか心身の態勢を立て直し，少しでも緩やかな流れを探し求めて，主体的に舵を切ることが大切である。換言するなら，グリーフケアとは，個々の遺族が「受苦的な（passive）体験を主体的な（active）体験へ」と転換する生き方を模索するのを，同行しながらサポートすることであろうか。

なお，本稿で述べてきた内容は，拙著『喪失と悲嘆の心理臨床学』（山本，2014）で詳細に検討しているので，本稿に関心を持たれた方は手に取っていただけると嬉しい限りである。

▶文献

Klass D, Silverman P & Nickman S（1996）Continuing Bonds : New Understanding of Grief. Taylor & Francis.

小此木啓吾（1979）対象喪失—悲しむということ．中公新書．

Strobe M & Schut H（1999）The dual process model of coping with bereavement. Death Studies 23-3 ; 197-224.

Worden JW（2009）Grief Counseling and Grief Therapy. 4th Ed. Springer.（山本力 監訳（2011）悲嘆カウンセリング．誠信書房）

山本力（2014）喪失と悲嘆の心理臨死学—喪失様態とモーニングワーク．誠信書房．

新刊案内

Ψ金剛出版 〒112-0005 東京都文京区水道1-5-16 Tel. 03-3815-6661 Fax. 03-3818-6848
e-mail eigyo@kongoshuppan.co.jp URL http://kongoshuppan.co.jp/

離婚と面会交流

子どもに寄りそう制度と支援

［編著］小田切紀子　町田隆司

両親が離婚した後も，子どもにとって守られた環境の中，双方の親と良好な関係を保ち，愛情を受けることが子どもの成長の糧となる。一方で，現実には，高葛藤，DV，虐待，再婚などの課題を抱え，支援を必要としている家庭も多い。子どもにとって望ましい面会交流のために必要な支援，制度，そして社会が共有すべき考え方はどのようなものであろうか。本書では，臨床心理学・法学・社会学など多様な分野から，そして家裁調査官・弁護士・国際司法・ADR・支援団体など多様な立場から，子どもに寄りそう制度と支援に向けた現状と提言を集めた。　本体3,200円＋税

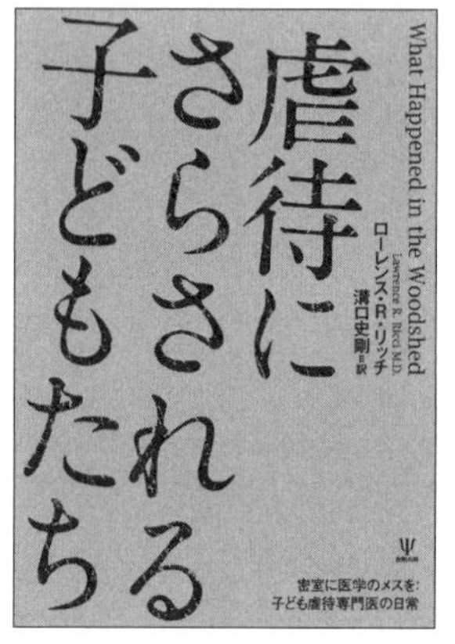

虐待にさらされる子どもたち

密室に医学のメスを：子ども虐待専門医の日常

［著］ローレンス・R・リッチ　［訳］溝口史剛

本書は決して難解な医学書でもなく，エンターテイメントに重きを置いた爽快な一般書でもない。ここに語られているのは虐待医療の黎明期から現在に至るまで，現場の実務者として第一線で関わり続けてきた医師を通して語られる圧倒的なリアルな物語である。本書で語られる物語は，日本でもここかしこで生じている問題でもある。医療者にすらほとんど知られていない子ども虐待専門医の日常を追体験できる本書は，既に虐待が重大事態に発展してしまった子どもと家族を守るために，関係機関が真に協働することがいかに重要であるのかを，気づかせてくれるだろう。　本体3,800円＋税

共に生きるための人間関係学

「自立」と「つながり」のあり方

［編著］畠中宗一

「あいだ」と「つながり」からなる人間関係。人間関係を生きることは，他者という異質なものを受容しながら自己との共存を図ることである。それは，葛藤を生きることに等しく，葛藤と折り合う力が求められる。生きやすい人間関係のみを展開していると，葛藤と折り合う力は衰退していく。本書は，生きるために必要な本来の人間関係力を回復させることを目指す。多様な場面で，本質的理解を志向しつつ，現実には社会のあり方に規定されているという事実性のなかで，教育・心理，介護・医療，そして企業といったフィールドで具体的な人間関係の実相に焦点を当てる。　本体3,200円＋税

次号予告 『臨床心理学』第20巻第4号

カウンセラーの「問う力・聴く力」

石垣琢麿［編］

1 ー総論

心理療法・カウンセリングにおける「問う力」と「聴く力」（東京大学）石垣琢麿
「問う力・聴く力」を涵養する（大正大学）村瀬嘉代子
ケアする人の対話スキル（東京慈恵会医科大学）井上祐紀

2 ー問う力・聴く力を身につけて，使ってみる

パーソンセンタード・アプローチと「問う力・聴く力」（駒澤大学）久羽　康
精神分析と「問う力・聴く力」（こども・思春期メンタルクリニック）山崎孝明
認知行動療法と「問う力・聴く力」（東京大学）石川亮太郎
ブリーフセラピーと「問う力・聴く力」（目白大学）黒沢幸子
集団精神療法と「問う力・聴く力」（立教大学）橋本和典
森田療法と「問う力・聴く力」（東京都立大学）塩路理恵子
オープンダイアローグと「問う力・聴く力」（国立精神・神経医療研究センター）下平美智代

3 ー何を問うべきか・何を聴くべきか――障害・問題別の対応集

子どもにどう問いかけるか（淀川キリスト教病院）出﨑　躍
高齢者にどう問いかけるか（静岡県立総合病院）岸本寛史
発達障害の「こまりごと」にどう対処するか――まとまらない主訴（九州大学）中島美鈴
激しい怒りにどう対処するか――アンガーマネジメント（榊原病院）壁屋康洋
身体疾患の患者さんとどう語るか――がん患者さんを例に（慶應義塾大学）藤澤大介
身体を整えるためにどう対話するか――生活習慣病ケア（住友病院）巣黒慎太郎
トラウマを受けた人にどう問うべきか――安全の保障（兵庫県こころのケアセンター）大澤智子
ひきこもり家族とどう話し合うか――家族支援（宮崎大学）境　泉洋
ハラスメント対応においてどう問うべきか――絡み合った関係を超えて（神奈川県立保健福祉大学）津野香奈美

リレー連載

「臨床心理学・最新研究レポート シーズン3」（国立精神・神経医療研究センター）横田悠季
「主題と変奏――臨床便り」（香川大学）竹森元彦

書評

下山晴彦＝監修『公認心理師のための「基礎科目」講義』（北大路書房）（山形大学）河合輝久
工藤晋平＝著『支援のためのアタッチメント論』（創元社）（聖マリアンナ医科大学病院）木下直紀
松本俊彦＝編著『物質使用障害の治療』（金剛出版）（白峰クリニック）河西有奈
エリザベス・F・ハウエル＝著『心の解離構造』（金剛出版）（おおやクリニック）大矢　大

臨床心理学

Vol.20 No.2（通巻 116 号）［特集］心身相関の心理臨床

★ 好評発売中 ★

- Vol.14 No.4〈特集 学校教育と発達障害〉増田健太郎・辻井正次 編
- Vol.14 No.5〈特集 成人期の発達障害支援〉辻井正次・村瀬嘉代子 編
- Vol.14 No.6〈特集 発達障害を生きる〉村瀬嘉代子 他 編
- Vol.15 No.1〈特集 医療・保健領域で働く心理職のスタンダード〉下山晴彦 他 編
- Vol.15 No.2〈特集 学校・教育領域で働く心理職のスタンダード〉森岡正芳 他 編
- Vol.15 No.3〈特集 産業・組織領域で働く心理職のスタンダード〉下山晴彦 他 編
- Vol.15 No.4〈特集 司法・矯正領域で働く心理職のスタンダード〉村瀬嘉代子 他 編
- Vol.15 No.5〈特集 福祉領域で働く心理職のスタンダード〉村瀬嘉代子 他 編
- Vol.15 No.6〈特集 スキルアップのための心理職スタンダード〉下山晴彦 他 編
- Vol.16 No.1〈特集 発達障害のアセスメント〉下山晴彦 他 編
- Vol.16 No.2〈特集 発達支援のアセスメント〉下山晴彦 他 編
- Vol.16 No.3〈特集 臨床的判断力〉村瀬嘉代子・岩壁　茂 編
- Vol.16 No.4〈特集 認知行動療法を使いこなす〉熊野宏昭 他 編
- Vol.16 No.5〈特集 治療的コミュニケーション〉森岡正芳 編
- Vol.16 No.6〈特集 いじめ・自殺―被害・加害・社会の視点〉増田健太郎 編
- Vol.17 No.1〈特集「こんなときどうする？」にこたえる 20 のヒント〉
- Vol.17 No.2〈特集 知らないと困る倫理問題〉
- Vol.17 No.3〈特集 心理専門職も知っておきたい精神医学・医療の現在〉
- Vol.17 No.4〈特集 必携保存版 臨床心理学実践ガイド〉
- Vol.17 No.5〈特集 レジリエンス〉
- Vol.17 No.6〈特集 犯罪・非行臨床を学ぼう〉
- Vol.18 No.1〈特集 もっと知りたいあなたのための認知行動療法ガイド〉
- Vol.18 No.2〈特集 発達的視点を活かす〉
- Vol.18 No.3〈特集 治療構造論再考〉
- Vol.18 No.4〈特集 公認心理師のための職場地図〉
- Vol.18 No.5〈特集 加害と被害の関係性〉
- Vol.18 No.6〈特集 心理職も知らないと困る医療現場の常識〉
- Vol.19 No.1〈特集 生きづらさ・傷つき――変容・回復・成長〉
- Vol.19 No.2〈特集 CBT for psychosis――幻覚・妄想に対処する〉
- Vol.19 No.3〈特集 心理専門職必携 ピンチに学ぶスーパーヴィジョンガイド〉
- Vol.19 No.4〈特集 公認心理師のための法律入門〉
- Vol.19 No.5〈特集 オープンダイアローグ――心理職のために〉
- Vol.19 No.6〈特集 臨床にかかわる人たちの「書くこと」〉
- Vol.20 No.1〈特集 人はみな傷ついている――トラウマケア〉

＊欠号および各号の内容につきましては，弊社のホームページ（URL http://kongoshuppan.co.jp/）に詳細が載っております。ぜひご覧下さい。

● B5 判・平均 150 頁　● 隔月刊（奇数月 10 日発売）　● 本誌 1,600 円・増刊 2,400 円／年間定期購読料 12,000 円（税別）※年間定期購読のお申し込みに限り送料弊社負担

● お申し込み方法　書店注文カウンターにてお申し込み下さい。ご注文の際には係員に「2001 年創刊」と「書籍扱い」である旨，お申し伝え下さい。直送をご希望の方は，弊社営業部までご連絡下さい。

Ψ 金剛出版　〒112-0005　東京都文京区水道1-5-16　URL http://kongoshuppan.co.jp/
Tel. 03-3815-6661　Fax. 03-3818-6848　e-mail　kongo@kongoshuppan.co.jp

原著論文

発達障害を対象にした通級指導教室における ソーシャルスキルトレーニングの効果の検討

学ぶべき課題の自己理解，通級時間数に焦点を当てて

岡田 智[1]・山下公司[2]・岡田克己[3]・森村美和子[3]・中村敏秀[4]

1）北海道大学大学院教育学研究院
2）南月寒小学校
3）狛江第三小学校
4）多西小学校

本研究は，発達障害を対象にした通級指導教室における小集団ソーシャルスキルトレーニングの効果的なあり方について探るために，4カ所の通級指導教室の1年間の実践について調査した。指導前と指導後の2時点において，在籍学級の担任が，児童の状態についてソーシャルスキル尺度を用いて評価した。また，通級指導教室の担当から，児童の学ぶべき課題の自己理解の程度，児童の通級時間数などを聴取した。182名の児童の情報が収集された。結果，事前評価から事後評価にかけて，集団行動，セルフコントロール，仲間関係スキル，コミュニケーションの4つの下位尺度すべてで得点が有意に上昇しており，通級児童のソーシャルスキルの向上が確認された。また，相関分析および分散分析の結果からは，自己理解および通級時間数が児童のスキル向上に少なからず関係していたことが示された。これらの結果を踏まえ，今後の通級指導教室におけるSSTの在り方について考察した。

キーワード：ソーシャルスキルトレーニング，通級による指導，学ぶべき課題の自己理解，指導時間数

臨床へのポイント

- 通級指導教室で学ぶべき課題の自己理解ができている子どもは，ソーシャルスキルの学習が進みやすい。反対に，自己理解が難しく，さらに短時間通級の子どもは，ソーシャルスキルの状態が悪化する可能性もある。
- 学ぶべき課題の自己理解ができていない子どもに対しては，短時間通級よりも，良質な仲間関係を築き，多くの時間を共にできる半日通級（週2, 3単位時間）や一日通級（4単位時以上）を導入すると効果がある。
- 通級による指導では，指導前や初期の子どもへ個別にインフォームド・アセントを行うことや，子どもと共有しているターゲット課題を小集団のなかで取り上げ指導すること，つまり自己理解の指導が重要である。

Japanese Journal of Clinical Psychology, 2020, Vol.20 No.3 ; 339-347
受理日——2020年2月7日

I　はじめに

近年，公教育においては，特別支援教育の動向とともに発達障害の教育を保障していこうといった公的な動きが見られるようになった。1993年には「通級による指導（以下，通級指導）」が制度化され，自閉症を含む情緒障害の子どもたちへの通級指導が全国的に展開されるようになり，2006年には学校教育法施行規則の改定がなされ，通級による指導の対象に学習障害（Learning Disabilities：以下，LD）や注意欠如多動性障害（Attention-deficit/Hyperactive Disorder：以下，ADHD）などの発達障害が支援の対象となる

ことが明記された。2017年度の通級児童生徒の障害種別割合を見てみると，LDが15.2%，ADHDが16.6%，自閉症が18.0%であり，対人および集団適応上の課題を主とする自閉症とADHDの割合は30%を超え，無視できない数値である（文部科学省，2018）。通級指導は多くの地域で，いくつかの学校から拠点校に児童が通級するといった拠点校方式を取っているが，近年，教科の補充指導や在籍学校での支援の拡大を狙って，児童の在籍する学校への巡回し指導する巡回方式を導入するようになった（例えば，東京都教育委員会，2018）。しかし，対人関係面および集団適応面に難しさをもつ自閉症スペクトラム障害（Autism Spectrum Disorder：以下，ASD）には，興味・関心や支援課題が共通する同年齢集団を組めるかどうかがソーシャルスキルの指導の効果を左右することが実践研究により示されており（岡田・三好・桜田・岡田・山下，2014），巡回方式のみで小集団指導ニーズに応えきれるかは疑問が残る。

ASDやADHDなどへの通級指導では，水野（2011）によれば，東京都で1969年に通級システムが開始されて以来，「在籍学級への適応状態の改善」「社会生活の基礎的な知識，技能，態度の形成」「自己理解の深化」などが目指されてきた。通級による指導の根拠となる特別支援学校学習指導要領の「自立活動」では，「障害による学習上または生活上の困難を主体的に改善・克服する」ことを目指すと示されており，具体的な項目においても，「自己の理解」「種々の困難を改善・克服する意欲」に関することが挙げられている。特に，通級による指導を受ける発達障害のある児童生徒は，自己理解を基にした主体的な学習活動が望まれており，「自己理解」は指導内容としてもしばしば取り上げられている（森村，2011）。

児童期の自己理解は，Damon & Hart（1988）によれば，「私は○○だ」「○○はできない」といった言葉や分類に自身を当てはめて捉えるcategorical identificationという段階から，「○○は得意」「他の人よりも○○に詳しい」など他者との比較のなかで自分に関する知識や能力を捉えるcomparative assessmentsという段階にいるとされる。しかし，発達障害領域における自己理解の支援は，診断名や障害特性をどう理解し，受け入れるかといったことに焦点が当たることが多い（田宮・宮田・小寺澤・岡田・中野，2009；Vermeulen, 2013）。これらの側面の自己理解は，系統的で概念的に自身を捉えるsystematic beliefsによる自己理解の段階で，青年期後期の支援内容と考えられる。加えて，ASDのある児童や青年では，一貫して対人的な相互作用に基づく自己理解には乏しいことが報告されている（Lee, & Hobson, 1998）。このようなことから，小学校段階のASDのある児童への支援では，困難なこと，学ぶべきことを行動レベルや他者との比較レベルで理解することを，相互的対人関係のもと支援することが重要であると言える。

ASDなどの発達障害のある子どもの人間関係や社会性に関する指導領域を取り扱う指導アプローチとしては小集団指導（水野，2011）やソーシャルスキル指導（Social Skills Training：以下，SST）が挙げられる。通級による指導でのSST実践研究を見てみると，その多くが小集団によるものである（例えば，岡田他，2014）。ただ，これら通級指導に関する実践研究は数が限られており，そのなかでも多くは単一事例実験デザインにおけるもの，質的エピソードによる分析によるものである。通級システムでの発達障害への小集団SSTが急速に広まっているが，その効果についての実証性は乏しいままである。また，拠点校方式から巡回方式に切り替える（東京都教育委員会，2018）など，通級による指導システムが変動するなかで，従来確保できていた支援時間や期間，指導構造も変化していくことが予想される。これまでの通級指導教室での小集団SSTの在り方を振り返り，よりよい在り方を省察し，今後の通級による指導や特別支援教室での社会性指導の展開につなげていくことが望まれている。

以上のことから，本研究では，発達障害を対象にした通級指導教室における小集団SSTの効果について予備的検討を行いたいと考える。また，通級児童が学ぶべき課題を自己理解していたかといった「自己理解の程度」，そして「通級時間数」などの違いによって，児童のソーシャルスキルの変化に違いはあるかどうか検討し，発達障害を対象にした通級指導教室における効果的な小集団SSTの在り方について探っていきたいと考える。

II 方法

1 調査対象と調査方法

筆者らが関わる東京都2校，横浜市1校，札幌市1校の公立小学校の通級指導教室（4校）でSSTを受けている小学生を対象とした。この4校の通級は

ADHDやASDの発達障害のある児童を対象にした通級指導教室であり，この時点では拠点方式をとっており，3〜8人ほどの小集団を4〜9グループ，4校合わせると30グループ程度展開している。小集団SSTのプログラムの効果を検証するために，通級児童の在籍学級担任（以下，在籍担任）に201X年3月から5月（pre評定），201X+1年3月（post評定）の2時点で，通級を利用している児童について，指導のためのソーシャルスキル尺度（以下，SS尺度）（岡田，2003）での評定を依頼した。新年度新たに担任することになった児童に対しては，1カ月以上児童を指導した後の5月に評定を依頼した。通級児童の保護者および在籍担任，学校長にはこの調査結果は児童の個別の指導計画作成とその評価のための資料として活用することとあわせて，本研究の意義および目的，また，すべてのデータは統計処理されること，個人のプライバシーや学校ごとの特徴や教師間，学校間の差は明らかにしないことを説明し，データ使用と研究発表の同意を得た。

通級指導教室にてソーシャルスキル指導を受けている児童すべてを対象としたが，在籍担任の評定協力が得られなかったもの，尺度評定に欠損値があるもの，通級に途中入級した児童，また，読み書きなどの学習支援および，場面緘黙や不登校などの情緒面の支援が主となる児童については今回の調査対象から除外した。A小学校24名，B小学校41名，C小学校64名，D小学校53名，計182名のデータが収集された。

これらの児童に関しては，学年，性別，通級時間数，通級での指導年数，最近の2年以内にWISC-IVが実施されていた場合は4つの指標得点（言語理解，知覚推理，ワーキングメモリー，処理速度）の情報もあわせて収集した（WISC-IVのデータのみ115名）。

2　ソーシャルスキル指導の概要

本研究の対象となる4校の通級指導教室は，ソーシャルスキル指導のための目標を主な指導内容とし（表1），岡田・森村・中村（2012）や岡田・中村・森村・岡田・山下（2014）の指導プログラムまたはそれらをアレンジした小集団活動を行っている。これらのSSTプログラムの特徴は，①年齢や興味関心，社会性の状態が近似した児童で小集団活動を組むこと，②児童の学ぶべき課題（目標）やその日の活動のテーマを，通級担当と児童とで話し合う個別の時間を設けること，③児童と通級担当との対話から子どもの願いや困っていることの主観的体験を把握し，活動内容に反映させることである。

表1　目標設定チェックリストの一部（岡田他，2012）

【学習態勢・集団行動領域】
着席して授業を受ける
適切に発言する（挙手，指名されてから発言等）
協力する（一つのことに取り組む，手伝う等）　他6項目
【コミュニケーション領域】
挨拶，返事，お礼，謝罪，依頼などのやりとり
気持ちや考えを表現する／報告，連絡，相談をする
子ども同士で話し合う　他6項目
【仲間関係領域】
相手の様子（表情，態度，ことば）の注意を向ける
仲間同士で計画，立案，実行する（調理，遊び等）
仲間と協調して遊ぶ　他5項目
【情緒・自己領域】
学ぶべき課題の自己理解
得意・不得意，長所・短所の自己理解
対人関係や集団参加に対しての自信をつける　他7項目
他にもソーシャルスキルに関連する指導内容の領域として【生活領域（3項目）】【運動・感覚領域】（4項目）」がある

なお，これらの通級指導教室では調査時点において，通級児童のニーズや実態に応じて以下の3つの通級形態を設定している。小集団活動を30分程度（2/3単位時間）と個別の時間を15分程度（1/3）を1セッションとするSSTプログラムを月2回もしくは週1回行う「週1単位時間以下」（いわゆる時間通級）と，これらのセッションの時間を長くしたり，セッション数を増やしたりして週1回半日行う「週2，3単位時間」（いわゆる半日通級），そして，給食や休み時間，教室移動など授業以外の生活場面での指導も含めて1日通して指導を行う「週4単位時間以上」（いわゆる一日通級）の3つである。すべて拠点校方式の通級指導教室であり，学校間の移動や送り迎えの際の保護者との情報交換も通級時間に含めるので，午前中半日の通級でも，児童への指導時間として設定できるのは実質2，3時間となる。一日通級の場合は実質4時間か5時間となる。

入級時や年度初めの学ぶべき課題の話し合いおよび，日々の活動での個別の振り返りは，「学ぶべき課題の自己理解」の指導内容（表1）に該当する。2，3学期には，自身の通級での目標を話し合う個別指導に加えて，自己理解に関する小集団活動を行った。自己理解に関する小集団活動は，自分の興味･関心や得意･

表２　自己理解の評定基準

評定段階	基準（１学期の間）
理解していない（0）	自身の困難や課題（得意，不得意，困難なこと，学ぶべきこと）についての言及がない。通級担当が目標の選択肢を提示しても，自分では選べない。
あまり理解していない（1）	困難や課題についての言及はないが，通級担当が提示した目標の選択肢から自分で選ぶ。しかし，それ以降，目標についての言及はない。
ほぼ理解している（2）	困難や課題についての言及があるが，一度きりである。もしくは，目標の選択肢や目標を想起する手がかりを与えられると，思い出し言及する。
理解している（3）	困難や課題についての言及が，複数回にわたって見られる。

不得意などテーマにして自分のベスト３を発表し，仲間とディスカッションする「ランキングトーク」（中村，2014）や自分の課題や成長したところをまとめてプレゼンする「私のビフォー＆アフター」（森村，2014）など，岡田他（2012，2014b）の自己理解に関する活動を学年やグループの状態に合わせた活動を設定した。

指導方法は，ソーシャルスキルの時間を設定し，そのなかで，学ぶべきテーマを掲げ，その行動手順や意義を教示し，モデリングを通して理解し，ロールプレイングや集団活動を通して行動リハーサルや実践を行うといった流れを基本としている。この時間の最後には，振り返りのセッションを設定し，その日のテーマと学んだスキルについての確認と，学んだスキルが学校や家庭のどの場面と関係するのか，どのようなときにそのスキルを実践すべきなのかを話し合った。また，指導後には，保護者および在籍担任と連絡帳をもとに，通級で取り組んでいる指導内容を共有した。家庭や在籍学級でも実践できるように，通級外でも在籍担任および保護者がプロンプトやフィードバックを行うよう依頼した。

3　評価方法

通級での SST の効果を検証するために，在籍担任に SS 尺度での子どもの評定を 201X 年５月前後（pre 評定）と 201X＋1 年３月（post 評定）の２時点で依頼をした。SS 尺度は，「集団行動」「セルフコントロール」「仲間関係スキル」「コミュニケーション」の４つの下位尺度からなり，小学校１年生から６年生までの各学年，男女別での基準値が得られている（岡田，2003）。個人のデータは，その基準をもとに平均が 10，標準偏差が３となる評価点に換算した。

また，児童の学ぶべき課題の自己理解の程度について，複数の通級担当が，１学期の児童の状況を総合的に見て，児童自身が学ぶべき課題を理解できていたかどうかを「理解していない」「あまり理解していない」「ほぼ理解している」「理解している」の４件法で評価した。評価は Damon, & Hart（1988）の自己理解の発達モデルに準じて作成した基準をもとに行われた（表２）。通級担当間で評価の相違があった場合は再度，過去の記録を見直し，評定のすり合わせを行うようにした。

自己理解に関する評価の対象となる情報は，４月から７月までの通級担当と児童との通級指導場面での話し合いがもととなっている。初めて入級する児童に対しては，通級指導教室での学ぶ内容の例，通級時間，通級することでの負担感など（在籍校での学習を抜けて通級すること）などの説明を，児童の理解水準および情緒や動機づけの状態に応じて行い，児童のアセントを得たうえで，通級指導を開始している。通級開始２，３カ月後に，児童の困難なこと，学ぶべき課題について話し合う個別の時間を取った。低学年や自身の課題を直面化しにくい児童には，在籍学校や家庭での情報をもとに，複数の通級担当で話し合い，表１の指導内容から個別の目標を選定した。そして，児童の理解力や実態に応じて，それらをかみ砕いて３～５個を提示し，児童に選択させた。

「理解していない」「あまり理解していない」を自己理解低群，それ以外を自己理解高群とし，さらに，これらを通級時間数で分け，６群に区分した。自己理解低群において週１単位時間以下のものを「理解低・短時間群」，週 2，3 単位時間のものを「理解低・中時間群」，週４単位時間以上のものを「理解低・長時間群」とした。同じように通級時間数により自己理解高群も「理解高・短時間群」「理解高・中時間群」「理解高・長時間群」とした。

表３　対象時のデモグラフィックデータ

性別		学年						通級時間数				指導年数					
男	女	1年	2年	3年	4年	5年	6年	1以下	2	3	4以上	1	2	3	4	5	6
151	31	10	26	22	33	41	50	82	48	4	48	53	59	38	16	13	3

表４　自己理解評定の結果

評定値度数				平均 (*SD*)
1	2	3	4	
27	45	75	35	2.65 (1.0)

表５　対象児童のソーシャルスキル尺度の平均（*SD*）(*N*=182)

	pre 評価	post 評価	変動値
集団行動	6.8 (3.3)	7.7 (3.3)	0.91 (2.8)
セルフコントロール	7.8 (3.5)	8.8 (3.5)	0.99 (3.2)
仲間関係スキル	7.5 (3.5)	8.0 (3.3)	0.54 (2.8)
コミュニケーション	7.2 (3.3)	8.1 (3.0)	0.91 (3.1)

変動値は post 評定から pre 評定を差し引いたもの

表６　各変数間の相関係数（$N = 182$）

	自己理解	通級時間	指導年数	VCI
集団行動変動値	.213**	.266***	−.018	−.081
セルフコントロール変動値	.204*	.176*	−.048	−.110
仲間関係変動値	.135	.087	−.073	.009
コミュニケーション変動値	.175*	.188*	−.005	−.052
自己理解	—	.063	.258***	.242**

*** $p<.001$, ** $p<.01$, * $p<.05$, VCI は WISC-IV 言語理解指標（$N=118$）
変動値：post 評定の得点から pre 評定の得点を引いたもの

4　分析方法

分析方法は，SS 尺度の各下位尺度について，pre 評定と post 評定結果の差の比較について対応のある t 検定を行い，効果量 r も算出した。また，各 SS 尺度の post 評定の得点から pre 評定の得点を引いた値（変動値）と「自己理解」「通級時間」「指導年数」の pearson の積率相関係数を求めた。さらに，通級時間数と自己理解の高低で群分けした 6 群の SS 尺度の各下位尺度の変動値を求め，2 要因の分散分析を行った。これらの分析には SPSS19.0 を用いた。

III　結果

1　デモグラフィックデータと自己理解評定，各 SS 尺度の結果

対象児童 182 名の学年，指導年数，通級時間数，自己理解についての評定結果については表 3，4 の通りである。

対象児童 182 名の SS 尺度の結果は，表 5 の通りである。pre 評定から post 評定にかけて，すべての得点が有意に上昇しており，小から中程度の効果量が得られた（集団行動：$t(181) = -4.36$, $r = .31$，セルフコントロール：$t(181) = -4.23$, $r = .30$，仲間関係スキル：$t(181) = -2.65$, $r = .19$，コミュニケーション：$t(181) = -3.90$, $r = .28$，すべて $p<.001$）。

2　各下位尺度と他の変数の相関

各変動値と「自己理解」「通級時間」「指導年数」「WISC-IV 指標得点」との Pearson 積率相関係数を算出した（表 6）。「集団行動変動値」「セルフコントロール変動値」「コミュニケーション変動値」と「自己理解」「通級時間」との間に有意な相関関係が見られた。

「自己理解」「通級時間」「指導年数」「WISC 各指標得点」間の相関係数も算出したが，WISC-IV 指標得点の「言語理解指標（VCI）」「指導年数」と「自己理解」に有意な相関が得られた（表 6）。

3　通級時間，自己理解ごとの SS 尺度変動値の比較

「通級時間」「自己理解」は 3 つの SS 尺度変動値と相関関係がみられ，これらのスキルの向上に関わる要因と考えられた。そのため各 SS 尺度の変動値を従属

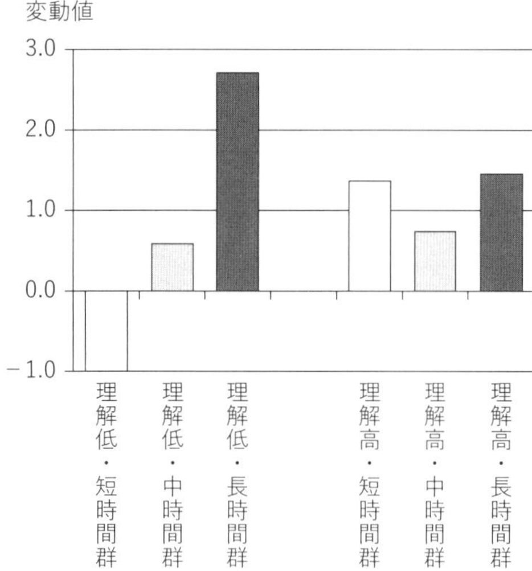

図１　各群の集団行動変動値

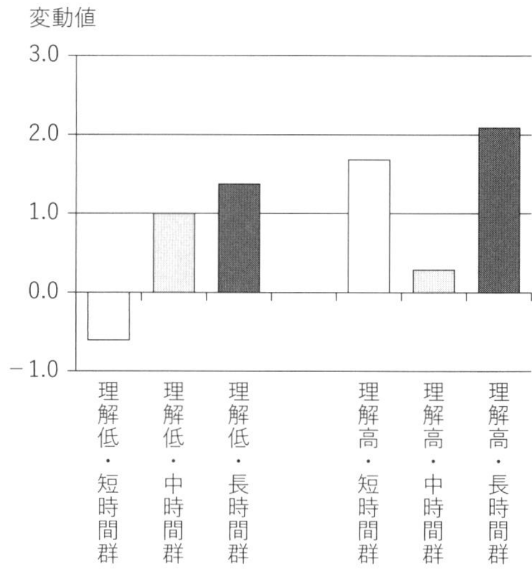

図２　各群のセルフコントロール変動値

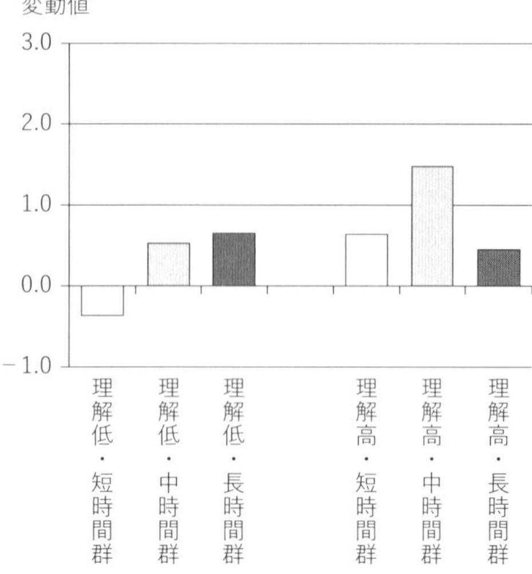

図３　各群の仲間関係スキル変動値

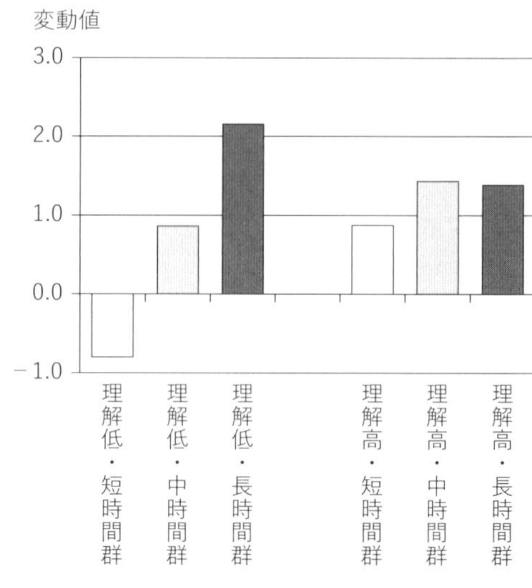

図４　各群のコミュニケーション変動値

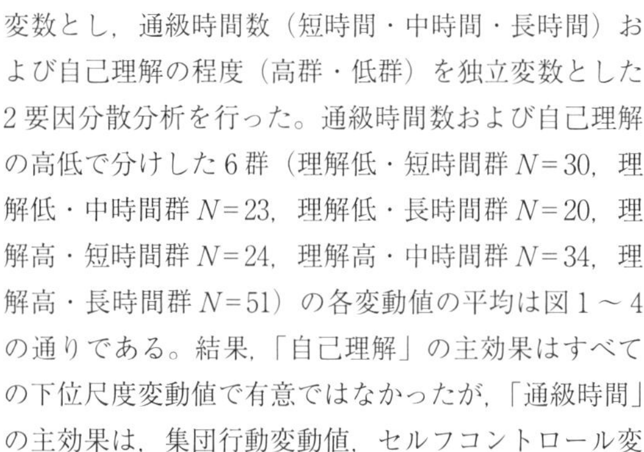

変数とし，通級時間数（短時間・中時間・長時間）および自己理解の程度（高群・低群）を独立変数とした２要因分散分析を行った。通級時間数および自己理解の高低で分けした６群（理解低・短時間群 $N=30$，理解低・中時間群 $N=23$，理解低・長時間群 $N=20$，理解高・短時間群 $N=24$，理解高・中時間群 $N=34$，理解高・長時間群 $N=51$）の各変動値の平均は図１～４の通りである。結果，「自己理解」の主効果はすべての下位尺度変動値で有意ではなかったが，「通級時間」の主効果は，集団行動変動値，セルフコントロール変動値，コミュニケーション変動値で有意または有意傾向であった（$F(2, 176)=8.49, p<.01$, 偏 $\eta^2=.088$, $F(2, 176)=2.60$，$p<.10$，偏 $\eta^2=.029$，$F(2, 176)=5.43$，$p<.01$，偏 $\eta^2=.058$）。また，「通級時間」「自己理解」の交互作用が，集団行動変動値，セルフコントロール変動値，コミュニケーション変動値で有意または有意傾向であった（$F(2, 176)=8.11$，$p<.01$，偏 $\eta^2=.084$, $F(2, 176)=3.54$, $p<.05$, 偏 $\eta^2=.039$, $F(2, 176)=2.50$, $p<.10$，偏 $\eta^2=.028$）。

交互作用が見られたため単純主効果の検定を行っ

た。集団行動変動値，セルフコントロール変動値，コミュニケーション変動値いずれにおいても，「自己理解低群」で「通級時間」の単純主効果が有意であった（$F(2, 176) = 13.62$，$p < .01$，偏 $\eta^2 = .134$，$F(2, 176) = 3.30$，$p < .05$，偏 $\eta^2 = .036$，$F(2, 176) = 6.43$，$p < .05$，偏 $\eta^2 = .068$）。また，集団行動変動値，セルフコントロール変動値，コミュニケーション変動値のいずれにおいても，「短時間通級（1 単位時間以下）」で「自己理解」の単純主効果が有意であった（$F(1, 176) = 17.13$，$p < .01$，偏 $\eta^2 = .089$，$F(1, 176) = 11.431$，$p < .01$，偏 $\eta^2 = .061$，$F(1, 176) = 6.08$，$p < .05$，偏 $\eta^2 = .033$）。

以上のことから，自己理解低群では，通級時間が長いほど集団行動，セルフコントロール，コミュニケーションのソーシャルスキルが向上したといえる。また，自己理解高群に関しては，通級時間数にかかわらず，集団行動，セルフコントロール，コミュニケーションのソーシャルスキルは上昇したといえる。

一方，通級時間数や自己理解の程度は，仲間関係スキルの変動値には影響しなかったといえる。

Ⅳ　考察

1　児童のソーシャルスキルの変化について

本研究は，発達障害を対象にした通級指導教室における 1 年間の SST の効果を検討することが目的であった。在籍担任による SS 尺度での評定結果は，pre 評定から post 評定にかけて，「集団行動」「セルフコントロール」「仲間関係スキル」「コミュニケーション」すべてにおいて有意に得点が上昇した。このことからも本調査対象となった通級指導教室での小集団による SST を経験した児童は，ソーシャルスキルが向上したといえる。特に，学ぶべき課題の自己理解ができていない群では，通級時間数によってスキルの上昇に差があったが，自己理解ができている群では，通級時間数にかかわらず，一貫してソーシャルスキルが向上した。

2　通級時間数について

相関分析および分散分析の結果からは「通級時間」「自己理解」が通級児童のソーシャルスキルの向上に関係していたことが示された。特にこの 2 要因に有意な交互作用がみられ，単純主効果の検定では自己理解低群において，通級時間数が多いほど，ソーシャルスキルの向上がみられたことが示された。自己理解が低い児童に対しては，通級時間数を多く確保することで，児童のスキル向上に寄与するかもしれないことを示唆する。

現在，通級による指導は LD，ADHD に限り，月 1 単位時間程度の短時間通級も認められるようになった（文部科学省，2018）。しかし週 1 単位時間以内では，小集団活動と多少の個別の指導の時間を確保することで，終わってしまう。本実践では週 2，3 単位時間以上確保できた児童には，小集団活動だけでなく朝の会，教室移動，休み時間，給食などの日常生活を通した指導（伊藤，2011）も合わせることが可能であった。日常生活の指導を織り交ぜることは，通級指導教室のなかで，機会利用型の指導（多賀谷・佐々木，2008）を提供することにもつながる。これらのことからも，自己理解が低い子どもには，通級の指導場面においても実際の学校場面と同様の機会をつくることで，在籍学級での行動の変容が図られた可能性がある。しかし，本研究では SST プログラム以外の場面の指導内容を聴取しておらず，機会利用型の指導を組み込むことによる般化効果については推測の域にとどまるものである。追って検討すべき課題としたい。

また，本研究結果で注目すべき点として，自己理解が低く，週 1 単位時間以内の児童は，ソーシャルスキルの得点が低下したということであろう。特別支援教育の文脈のもと，軽微な発達障害の子どもまで支援が拡大していくなかで，通級利用児童は急激に増えていき，その結果，短時間通級も頻繁にみられるようになった。本研究結果は，短時間通級が増えつつあるという最近の特別支援教育の動向に，強い懸念を抱かせるものであろう。

3　学ぶべき課題の自己理解について

本研究結果からは，児童のソーシャルスキルの向上には学ぶべき課題を自己理解できていることが重要であることが示された。しかし，これが重要であるとはいえ，自身の学ぶべき課題を児童に向き合わせるといった自己理解の指導が，子どもの感情や主体性を脅かすものであったりすると，さらなる心理的な問題を生じさせるリスクも伴う。また，ソーシャルスキルに関する学ぶべき課題は，学習指導要領や教科書などには掲載されておらず，個々の児童の対人関係や集団生活の実態のなかで見出されるものである。特に，個人の失敗場面や問題，不適応状況といったネガティブな経験が基になっており，通級を利用する児童の多くが，入級時に否定的な自己価値や低い自尊感情をもっていることが推測される。

本研究では，Damon, & Hart（1988）の自己理解インタビューを参考に自分の課題に言及できないことを「自己理解が低い」と定義したが，否定的な自己理解や低い自尊感情のために，自己言及できなかったものもいるだろう。また，WISC-IV 言語理解指標得点と自己理解の評価との間に相関関係が見られたことからも，自己理解の評定は児童の言語表現スキルにも依存しているといえる。言語表現や情緒不安定性などの問題により，うまく表現されない潜在的な自己理解の様相をどう捉えるか，今後の方法論上の課題と言える。

本研究においては，2，3 学期になると，小集団および個別の時間で自身の課題をまとめて記述する，表現するというプログラムを設定している。そのために，自身の課題を理解し，表現することができていなかった児童でも，自己理解に関するプログラムに参加し，自身の目標を記述したり，発表したりする機会があった。その点で，2，3 学期の自己理解の評定は，児童の主体性と受動性を区別することは難しいといえた。そのため，今回は，1 学期の時点での主体的な自己理解の状態を評価するにとどめた。児童の自己理解の変容プロセスについても，指導経過との関連に注目して調査していく必要があるだろう。

4　通級での小集団 SST の課題

今回の対象となった通級指導教室では，通級指導経験が 15 年以上でかつ，特別支援教育士または臨床発達心理士の有資格者である筆者らが，それぞれの通級の主任を務めていた。そして，本実践を行う前に筆者らで発達障害のある児童の SST 実践についての研究会を 4 年間にわたり行い，通級での SST の方法論を体系化してきた（岡田他，2014b）。そして，今回の介入では筆者らが 3 つの地域の 4 つの通級指導教室で，共通する方法論で SST を実践できた。現在，通級指導教室が爆発的に増えているなか，通級経験者や SST 実践の知見を持つ教員を通級に配置することは厳しくなっている現状がある。小集団 SST は指導者側もグループで子どもに向き合う。専門性のある教員の確保と，継続的な学びの場の確保をどのように行うかは，効果的な SST を展開するうえで必須である。

通級指導教室の新しい方式である巡回方式での指導では，通級担当が巡回先の学校に出向いて，ロールプレイでの会話の練習や登場人物の気持ちを読み取る指導を行ったりすることが推奨されている（東京都教育委員会，2018）。しかし，生活場面や実際の人間関係から乖離した学習方法では，スキルの応用が利かず，無意味な指導になりかねない。また，これまで通級指導教室は同じような支援ニーズを持つ仲間で構成される対人経験の場を提供してきた（西村・菊池，2012）。通級指導教室で SST を展開する際には，その指導の場で良質な仲間関係が築き，できるだけ多くの時間を共にすることが重要であろう。今回の調査は小学校 4 校，そして，30 グループほどの実践結果を追ったものである。個人情報の保護や学校および通級指導教室の匿名性の確保のため，それぞれのグループの実態や通級指導教室間の差異には焦点を当てることができなかった。良質な仲間関係や教師と児童との関係の影響要因については，今後の課題としたい。

本調査では，実際の通級指導教室を利用している臨床サンプルを対象にしたため，コントロール群を設定することができなかった。そもそも通級指導を利用する児童は，通級での指導効果が期待できる児童を対象にしており，選択バイアスが生じている。また，本研究では，通級指導教室担当と在籍学級の担任が SST プログラムや通級での指導の様子を定期的に情報交換しているので，在籍学級担任の SS 尺度評定に情報バイアスが入り込むことは否定できない。さらに，通級による指導は 1 年間の期間に，月 2 回から週 1 回の範囲の低密度で実施される。SST 以外の要因も排除できるものではない。これらのことを考えると，本研究は予備的研究の域にとどまるものである。通級指導教室での小集団 SST の効果を検証するには，行動観察データを用いたり，コントロール群を設定したりするなど，今後，これらのバイアスを除外できるような介入研究デザインを組む必要があるといえるだろう。

▶文献

Damon, W., & Hart, D. (1988). *Self-understangind in children and adolescence*. Cambridge University Press, New York.

伊藤久美（2011）．学校生活・日常生活適応のための指導―特別支援指導用教材―　ミネルヴァ書房

Lee, A., & Hobson, R.P. (1998). On developing self-concepts : A controlled study of children and adolescents with autism. *Journal of Child Psychology*

and Psychiatry, 39, 1131-1144.
水野　薫（2011）．情緒障害教育における指導実践　水野　薫・岡田　智（編著）自閉症スペクトラム障害の社会的認知と行動　日本文化科学社　pp.79-82.
文部科学省（2018）．特別支援教育資料（平成 29 年度）〈http://www.mext.go.jp/a_menu/shotou/tokubetu/material/1406456.htm〉（2018 年 11 月 1 日閲覧）
森村美和子（2011）．通級指導学級での自己理解を深める SST　日本 LD 学会第 20 回大会発表論文集，278-279.
森村美和子（2014）．私のビフォア＆アフター　岡田　智（編著）図解よくわかるソーシャルスキルトレーニング実例集　ナツメ社　pp.144-145.
中村敏秀（2014）．ランキングトーク　岡田　智（編著）図解よくわかるソーシャルスキルトレーニング実例集　ナツメ社　pp.84-86.
西村　馨・菊地雅彦（2012）．中学校通級指導学級がもつグループの力　心理臨床学研究，30，467-477.
岡田　智（2003）．指導のためのソーシャルスキル・尺度作成の試み　LD 研究，12，56-64.
岡田　智・三好美知子・桜田晴美・横山佳代（2014a）：通級指導教室における自閉症スペクトラム障害のある子への小集団でのソーシャルスキル指導　LD 研究，23，82-92.
岡田　智・森村美和子・中村敏秀（2012）．図解よくわかるソーシャルスキルトレーニング実例集　ナツメ社
岡田　智・中村敏秀・森村美和子・岡田克己・山下公司（2014b）．特別支援教育をサポートするソーシャルスキルトレーニング実践教材集　ナツメ社
多賀谷智子・佐々木和義（2008）．小学 4 年生の学級における機会利用型社会的スキル訓練　教育学心理学研究，56，426-439.
田宮　聡・宮田広善・小寺澤敬子・岡田由香・中野加奈子（2009）．高機能発達障害の本人告知の現状．　児童青年精神医学とその近接領域，50，517-525.
東京都教育委員会（2018）．特別支援教室導入〈http://www.kyoiku.metro.tokyo.jp/school/primary_and_junior_high/special_class〉（2018 年 11 月 2 日閲覧）
Vermeulen, P.（2013）. *I Am Special.* Jessica Kingsley Publishers, London.

Effects of Social Skills Training for Children with Developmental Disabilities in Resource Rooms of Primary Schools : Focused on Self-Understanding of Social Skills Objects and Hours Spent in Resource Room

Satoshi Okada [1], Koji Yamashita [2], Katsumi Okada [3], Miwako Morimura [3], Toshihide Nakamura [4]

1) Hokkaido University, Faculty of Education
2) Minami Tsukisamu Primary School
3) Komae Daisan Primary School
4) Tasai Primary School

This study investigated the effectiveness of group-based social skills training（SST）for children with developmental disabilities, who attended special support services in primary schools' resource rooms. The practices in 4 resource rooms were examined over a period of one year. The evaluation of social skills was conducted by regular classroom teachers during the 1st term（preliminary evaluation）and 3rd term（post evaluation）. We also collected data from the resource room teachers pertaining to the children's level of self-understanding, and their number of years and hours spent in resource rooms. The data of 182 children were gathered. The results revealed that the post evaluation scores, derived from the 4 subscales（group behaviors, self-control skills, friendship-making skills, communication skills）, were significantly higher than those of the preliminary evaluation. Furthermore, the analysis of variance showed that children's self-understanding and the amount of time spent in resource room influenced changes in their social skills. In conclusion, we discussed about the effectiveness of group-based SST and self-understanding support in primary schools' resource rooms.

Keywords : social skills training, resource room, self-understanding of social skills objects, hours spent in resource rooms

原著論文

大学生の「発達障害についての理解度」と「発達障害学生に対する援助意識」との関連性

京極暁子[1)]・廣澤愛子[2)]・大西将史[2)]

1）滋賀県庁
2）福井大学学術研究院 教育・人文社会系部門

本研究では，大学生の発達障害についての理解度と，発達障害学生に対する援助意識との関連性について検討するため，3 側面の発達障害についての理解度，仮想場面における援助の必要性認知および援助行動，共感性および援助規範意識からなる質問紙を大学生および大学院生 156 名（男性 53 名，女性 103 名）に実施し，得られたデータを質的・量的観点から分析した。量的観点から行った判別分析の結果，「援助の必要性認知」には，共感性および援助規範意識の影響を統制しても「発達障害特性についての理解」が，「講義場面での援助行動」には「発達障害の理解度に関する自己評価」が関連しており，発達障害の下位分類や障害特性についての理解は援助行動と関連していないことが明らかとなった。また，質的分析の結果から，「衝動性の高さ」といった障害特性は本人の性格と捉えられがちであり，さらに周囲の人も巻き込まれる可能性があるため，援助意識が生じにくいことが明らかとなった。これらの結果を踏まえて，大学における発達障害学生への支援に必要なことについて考察した。

キーワード：発達障害についての大学生の理解度，発達障害学生への援助意識，援助方法

臨床へのポイント

- 大学生の発達障害特性についての理解度は，発達障害学生への援助意識と正の関連が見られ，大学教育において発達障害について正しく理解する機会をもつことは，発達障害学生に対する援助意識の向上に繋がる。
- 発達障害の障害名や下位分類の理解は援助意識と関連性がなく，大学の講義や実習を通して障害特性の具体的な中身を実際的に学ぶことが，援助意識を高めるのに有効であることが示唆される。
- 障害理解を図る際，特定領域における“できる／できない”の二分法により発達障害に対する不必要なスティグマの増長を防ぐ工夫が必要であり，弱さを補い合い，強みを生かし合う相互扶助の観点をもつことが肝要である。

Japanese Journal of Clinical Psychology, 2020, Vol.20 No.3 ; 348-358
受理日——2020 年 2 月 7 日

I 問題と目的

近年，大学における発達障害学生への支援が活発に行われている（斎藤・西村・吉永，2010；高橋，2012 など）。2005（平成 17）年 4 月に施行された「発達障害者支援法」の教育に関する項目においても，「大学及び高等専門学校は，発達障害者の障害の状態に応じ，適切な教育上の配慮をするものとする」と明記されている。全国の大学・短期大学・高等専門学校における発達障害学生の在籍数は年々増加し，日本学生支援機構（2016）によると，2012（平成 24）年には 1,878 人であったのが 2016（平成 28）年には 4,105 人に増加している。これらは診断書を有する学生であり，未診断の学生も含めるとその数はもっと多いと推測される。

しかし，発達障害の学生は支援の必要性を認識して

いない場合も多く（佐々木・梅永，2010），本人が主体的に支援や配慮の要請行動を起こすことに困難さが伴う（桶谷，2013）。まずは，発達障害もしくはその疑いのある学生が自らの特性を知り，自己理解を深めることが重要であり（Hendrickx, 2009），そこから支援の必要性を自ら認識し，援助要請行動へと繋がると言える。発達障害学生が抱える困難さは，周囲の理解や手助けによってカバーされる部分も多く，例えば，発達障害学生が抱える困難さには課題の提出やノートテイクなど修学に係わる問題があるが，友人が注意喚起のメールを送るなど手助けすることによって，問題を未然に防ぐことができる。また，発達障害学生が抱える困難さには，対人関係のトラブルなど他の学生を含めた人間関係の問題も多く（佐藤・徳永，2006），この場合，本人からの援助要請の有無にかかわらず，周囲の人間関係を視野に入れた支援が求められる。つまり，教職員や学生など，本人を取り巻く周囲の理解が要になる（川住・吉武・西田・細川・上埜・熊井・田中・安保・池田・佐藤，2010；須田・高橋・上村・森光，2011）。岡本・三宅・仙谷・矢式・内野・磯部・栗田・小島・二本松・松山・石原・杉原・古本・國廣・高橋・河内・山手・横崎・日山・山脇・吉原（2012）は，大学における発達障害学生への支援について，精神保健スタッフのみならず教職員や学生を含めた周囲の理解が不可欠であり，対人関係で傷つきを重ねている学生が「よい仲間と出会い，理解のある環境でよい社会関係を培う」体験をすることが重要と述べている。そもそも，大学生は，困ったときの援助要請行動の相手として家族や教員より友人を選ぶ傾向がある（嶋，1992；與久田・太田・髙木，2011）。したがって，本人の周囲にいる大学生の発達障害への理解や援助意識を促すことは，本人が適応的な大学生活を送ることを後押しすると推測される。しかし，宮崎・中田・佐藤・永井・田村（2015）は，大学生の発達障害学生に対する援助意識が，社会的距離と友人関係に左右されることを明らかにしたうえで，「周囲の学生の態度が同情か拒否か，援助か敬遠かの両極に変化することも考慮し，慎重な啓発活動が重要」と論じており，本人の周囲にいる大学生が，発達障害についてどのような理解を深めることが援助意識の促進に結びつくのか慎重に検討する必要があると言える。

そこで本研究では，本人の周囲にいる大学生が発達障害についてどのような理解をすることが援助意識に結びつくのか，量的分析に基づいて明らかにする。その際，援助行動（松井，1981）や向社会的行動（Eisenberg, 1992；Hoffman, 2000）の研究知見を踏まえ，援助行動を規定する個人特性として援助規範意識と共感性を取り上げ，認知的側面である発達障害に対する理解度とあわせて検討する。これらの特性は，援助行動を生起させる際の意思決定過程に係る主要なパーソナリティ特性を意味する（松井，1981）。パーソナリティ特性と認知の両要因を同時に組み込んで援助行動との関連性を分析することで，パーソナリティ特性の影響を考慮したうえでの，発達障害に対する理解度の影響をより正確に検討することができる。比較的安定したパーソナリティ特性に対して，発達障害についての理解度は学習による大きな変化が見込めるため，発達障害についての理解度の正確な影響を知ることは，今後の大学教育の在り方にも有益な示唆を与えるものと考えられる。

また，宮崎他（2015）は，当事者の周囲にいる大学生は発達障害学生への援助の必要性を感じているが，その手立てを見つけるのが難しいことも明らかにしている。そこで本研究では，援助意識を有している学生が具体的にどのような援助方法を考えているのか，さらに援助する（もしくはしない）理由は何かについて，質的分析法で用いられているコード化とカテゴリー化の手続きを踏まえて明らかにする。

本研究の目的をまとめると，①発達障害学生への援助意識，②援助する際の具体的方法，③発達障害についての理解度およびパーソナリティ特性と援助意識との関連性，という3点を明らかにする。なお，発達障害学生の困難さは，修学に係わる事柄など本人が困惑する問題と，相手の気持ちを理解できず，相手を傷つける発言をして対人トラブルになるなど，周囲が巻き込まれる問題とがある。これらは，周囲の理解や援助意識が異なると推測されるため，前者を「本人困惑例」，後者を「周囲困惑例」と命名し，それぞれ①～③について検討する。

II 研究方法

1 調査協力者

中部地区の大学生および大学院生156名（男性53名，女性103名）に，2015年11月～12月下旬に調査を行った。156名のうち教育学部学生は91名，工学部学生は65名であった。

表１「発達障害特性による困難さ」の５つの例

困難さタイプ	障害特性	困難例
本人困惑例	読み書き困難（LD）	例１：あなたの周囲で，文字の読み書きが苦手で，講義を聞きながらノートを取ることが難しい大学生がいます。
	不注意（ADHD）	例２：あなたの周囲で，課題の締め切りや必要な持ち物に気づかない，もしくはよく忘れてしまう大学生がいます。
	同一性の保持（ASD）	例３：あなたの周囲で，事前に伝えられた内容と違う授業だったり，突然予定が変更されると不安になる大学生がいます。
周囲困惑例	想像性の欠如（ASD）	例４：あなたの周囲で，空気を読めず場にそぐわない発言をしたり，ズバズバ物を言う大学生がいます。
	衝動性（ADHD）	例５：あなたの周囲で，衝動性が強く，自分勝手にぐいぐい物事を進めていく大学生がいます。

2 調査内容

1．発達障害についての理解度

発達障害の理解度については，次の３側面から評価し，得点化した。まず，「発達障害の下位分類の理解」について，学習障害（LD），注意欠陥多動性障害（ADHD），高機能自閉症，アスペルガー症候群の４つの発達障害と，視覚障害や聴覚障害，肢体不自由など発達障害ではない８つの障害を加えた合計12の障害名のなかから，発達障害に該当すると思うものをすべて選択するように求めた。項目ごとに適切に判別できている場合に各１点を与え，12項目の合計点を「発達障害の下位分類の理解」得点とした。次に，「発達障害特性の理解」について，発達障害の障害特性を記述した項目を29（内５項目は発達障害以外の障害についてのダミー項目）作成し，それぞれの項目が「LD」「ADHD」「高機能自閉症」「その他の発達障害」「発達障害ではない」「わからない」のどれに該当すると思うかを回答してもらった。項目ごとに障害特性に合った障害名を選択できている場合に各１点を与え，ダミー項目を除いた全24項目の合計得点を「発達障害特性の理解」得点とした。最後に，「発達障害の理解度に関する自己評価」について，LD，ADHD，高機能自閉症，アスペルガー症候群の４つの発達障害と，視覚障害や聴覚障害，肢体不自由など発達障害ではない４つの障害（ダミー項目）を加えた合計８つの障害について，自分自身でどのくらい理解していると思うかの程度を，「全く理解していない（1点）」から「よく理解している（5点）」の５件法で評定を求めた。LD，ADHD，高機能自閉症，アスペルガー症候群の４項目について評定値を合計し，「発達障害の理解度に関する自己評価」得点とした。

2．援助意識

学習障害，注意欠陥多動性障害，自閉症スペクトラム障害の障害特性によって引き起こされる困難ケースを，佐々木・梅永（2010）の発達障害自己チェックリストを参考にして作成した。その際，本人のみが困難を抱えている「本人困惑例」と，本人のみならず周囲の人も困っている「周囲困惑例」に分けて作成した（表1）。そして，各例の困難さを抱える学生は，①「手助けが必要か必要ではないか（援助の必要性認知：2択）」，②「講義で見かけたら手助けするかしないか（講義場面での援助行動：2択）」，③②における「手助けをする（しない）理由（自由記述）」，④②における「手助けの具体的方法（自由記述）」，について，回答を得ることで，援助意識を測定した。

3．パーソナリティ特性

援助規範意識については，援助規範意識尺度（箱井・高木，1987）の下位尺度のうち，「自己犠牲規範意識」と「弱者救済規範意識」を，「非常に反対する（1点）」から「非常に賛成する（5点）」の５件法で実施した。共感性については，多次元共感性尺度（鈴木・木野，2008）の下位尺度のうち，「他者志向的反応」および「視点取得」を，「全く当てはまらない（1点）」から「とても当てはまる（5点）」の５件法で実施した。

3 調査手続きと倫理的配慮

上記調査内容をひとつにまとめた質問紙を作成し，数名の小集団ごとに調査依頼・質問紙配布・調査実施・調査用紙回収を行った。調査用紙のフェイスシートには以下の５点，すなわち，大学生の発達障害の認識についての調査であること，回答が本調査以外で用いられることがないこと，得られたデータは個別の回答を取り上げるのではなく集団の結果として分析・公開すること，調査への協力は任意であり，協力しないことによる不利益は生じないこと，おおよその回答時間を明記し，さらに口頭でも説明したうえで，同意の得られた者だけに調査を行った。本調査は第2・第3筆者の所属する大学の研究倫理委員会にて承認を得た。

4　分析方法

1．発達障害学生に対する援助意識（援助をする理由・援助をしない理由）

表1に示した例において，講義場面での援助行動の理由について得られた記述式の回答から1文ずつ抜き出し，各文を要約する文言を付した。次にこれらの初期コードを，グラウンデッドセオリー法で用いられる継続的比較法に則り，コード間，およびコードと原文の間で何度も比較検討し，類似概念と相反する概念を明確化しながら，類似概念を集約して下位カテゴリーを作成した。さらに，下位カテゴリーも同様の方法で比較・分類し，上位カテゴリーを作成した。この作業は，第1筆者がまずカテゴリーを作成し，その後，第2筆者と繰り返し協議し，カテゴリーの文言修正や統廃合を行った。これらの手続きを経て，各例における援助意識の傾向を検討した。

2．発達障害の学生に対する援助方法

講義場面での援助行動における具体的方法について，記述式で回答を得た。そして1.と同様の手続きを経て回答を分類し，各例における援助方法の特徴を明らかにした。

3．発達障害の理解度と援助意識との関連性

各例それぞれにおいて選択式で回答を求めた援助意識の3つの側面の項目について，それぞれダミー変数として「各例のような学生は援助が必要である（1点）or 必要ではない（0点）」「そのような学生を講義で見かけたら，助ける（1点）or 助けない（0点）」「その学生が発達障害によって困っている場合，助ける（1点）or 助けない（0点）」という得点化を行った。次に，これらを基準変数として，①発達障害の下位分類の理解，②発達障害特性の理解，③発達障害の理解度に関する自己評価，という発達障害の理解度に関する3側面，および援助規範意識の2側面（自己犠牲規範意識・弱者救済規範意識），共感性の2側面（他者志向的反応・視点取得）を説明変数とする判別分析を行った。

III　結果

1　本人困惑例における手助けする（または手助けしない）理由と方法

本人困惑例はすべて，「手助けする」が「手助けしない」を上回った。ただし，どちらを回答した場合でも，手助けする（または手助けしない）理由を書く際に，相手との距離感で判断するとの記述が複数見られ，これらは，仮に「手助けする」と回答していても，距離感によっては手助けしないという意味にもなりうると判断されたため，このような回答については，「手助けする」「手助けしない」のいずれでもなく，「距離感で判断する」と新たなカテゴリーを作成した（表2）。手助けする理由は，「困っているなら助ける」「手助けが容易・困っていることに共感できる」が多く，手助けしない理由は「自己解決すべき」「方法不明」「援助の必要性不明」が多かった。「手助けしない」と回答した人は，自己管理・解決できる問題は自分で対処すべきと考えていることがわかる。また，本人困惑例の手助けの手段は（表3），読み書きが苦手な学生にはノートを見せ，忘れ物が多い学生には事前連絡をするなど，本人への具体的支援が多いと言える。

2　周囲困惑例における手助けする（または手助けしない）理由と手段

周囲困惑例は，本人困惑例とは異なり，「手助けする」よりも「手助けしない」が多かった。ただし，本人困惑例と同様，ここでも「距離感で判断する」に該当する回答が複数見られた（表2）。手助けする理由は，「困っているなら助ける」「周囲への影響性」「第三者からの指摘の必要性」が多く，手助けしない理由は，「性格と判断」「迷惑・恐怖」「手助けの方法不明」が多かった。「手助けしない」と回答している人は，困難を抱える学生が障害特性によって困っているのではなく本人の性格と判断していることがわかる。手助けの手段については，「声掛け・話をする」「状況・心理・変更点等の説明や明確化」など本人への働きかけが多いが，同時に，「意見の代弁や仲介」，「話し合いによる手助け」など周囲への働きかけも比較的多く，この点は周囲困惑例の特徴と言える（表3）。

表２　手助けする（または手助けしない）理由

本人困惑例	読み書きが苦手な大学生	助ける（103）	困っているなら助ける（57），手助けが容易・共感できる（20），学業に差し障るのは大変（16），苦手なことへの支援（6），発達障害と判断（4）
		助けない（36）	自己解決すべき（15），関わり手の問題（11），手助けの方法不明（8），性格と判断（2）
		距離感で判断（6）	
	忘れ物が多い大学生	助ける（87）	困っているなら助ける（40），手助けが容易・共感できる（25），自己解決が難しそう（16），悪意・悪気がない（6）
		助けない（52）	自己解決すべき（28），性格と判断（8），手助けの必要性不明（7），手助けの方法不明（6），関わり手の問題（3）
		距離感で判断（10）	
	予定変更が不安な大学生	助ける（96）	困っているなら助ける（34），手助けが容易・共感できる（33），不安の除去（27），発達障害と判断（2）
		助けない（55）	手助けの方法不明（19），自己解決すべき（14），手助けの必要性不明（11），関わり手の問題（8），迷惑・恐怖感（3）
		距離感で判断（19）	
周囲困惑例	空気を読むことが困難な大学生	助ける（59）	困っているなら助ける（29），周囲への影響性（15），第三者からの指摘の必要性（15）
		助けない（90）	性格と判断（22），手助けの方法不明（21），自己解決すべき（20），迷惑・恐怖感（16），関わり手の問題（11）
		距離感で判断（19）	
	衝動性の強い大学生	助ける（54）	周囲への影響性（30），困っているなら助ける（16），第三者からの指摘の必要性（6），手助けが容易・共感（2）
		助けない（90）	性格と判断（27），迷惑・恐怖感（23），手助けの必要性不明（15），手助けの方法不明（13），自己解決すべき（10），関わり手の問題（2）
		距離感で判断（19）	

表３　「手助け」の具体的方法

事例		手助けの方法
本人困惑例	読み書きが苦手な大学生	ノートを見せる・貸す（101），方法を一緒に考える・提案（11）
		わからないところの説明や補足（6），授業者に相談（3）
	忘れ物の多い大学生	事前にLINE・メール・SNSなどで連絡（39），一緒に作業・確認する（32）
		進捗確認・注意を促す（21），物を貸す・教科書などを見せる（10）
	予定変更が不安な大学生	声掛け・話をする・アドバイスをする（23），状況・心理・変更点などの説明や明確化（14）
		意見の代弁・友人との仲介（14），注意（11）
周囲困惑例	空気を読むことが困難な大学生	声掛け・話をする（23），状況・心理・変更点などの説明や明確化（14）
		意見の代弁・仲介（14），注意（11）
	衝動性が強い大学生	声掛け・話をする（25），状況・心理・変更点などの説明や明確化（22）
		話し合い・周囲の理解を引き出す（15）

3　量的測定変数の記述統計量，信頼性係数および変数間の相関の検討

判別分析に先立ち，発達障害の理解度およびパーソナリティ特性の記述統計量および信頼性係数を算出した（表4）。各尺度の平均値および標準偏差の値から，天井効果や床効果を示すものはなかった。また，歪度および尖度の値はいずれも基準値である1を超えておらず，正規分布から著しく逸脱している測定変数はみられなかった。信頼性係数の値についても弱者救済規範意識においてのみ.70をやや下回っていたが，著しく低い値ではなかったため，今後の分析に使用可能であると判断した。

次に，各測定変数間の相関係数を求めた（表5）。発達障害についての理解度を測定する3つの変数間に

表4 発達障害についての理解度，援助規範意識尺度及び多次元共感性尺度の記述統計量および信頼性係数

	度数	平均値	標準偏差	最小値	最大値	歪度	尖度	α係数
発達障害についての理解度								
発達障害の下位分類の理解（12項目）	143	8.06	2.61	1	12	－.60	－.46	—
発達障害特性の理解（24項目）	156	8.63	5.39	0	21	－.01	－.94	—
発達障害の理解度についての自己評価（4項目）	156	11.43	3.43	4	20	－.15	－.73	.83
援助規範意識								
自己犠牲規範意識（8項目）	156	24.75	4.13	13	38	－.09	.85	.79
弱者救済規範意識（7項目）	156	23.47	2.94	16	32	.07	－.13	.68
多次元共感性								
他者指向的反応（5項目）	156	18.36	2.93	10	25	－.39	.08	.72
視点取得（5項目）	156	17.6	2.75	10	25	－.14	.02	.72

表5 発達障害について理解度，援助規範意識および共感性の各変数の相関

	下位分類理解	特性理解	理解度自己評価	自己犠牲規範意識	弱者救済規範意識	他者指向的反応
下位分類理解	—					
特性理解	.33***	—				
理解度自己評価	.42***	.51***	—			
自己犠牲規範意識	.17*	.23**	.19*	—		
弱者救済規範意識	.15	.29***	.16*	.37***	—	
他者指向的反応	－.06	.30***	.18*	.47***	.45***	—
視点取得	.10	.33***	.37***	.28***	.33***	.45***

* $p<.05$，** $p<.01$，*** $p<.001$

は，弱から中程度の正の相関がみられた。発達障害についての理解度とパーソナリティ特性との間には，次のような関係がみられた。まず，発達障害の下位分類の理解については，全般的に意味のある相関係数が得られず，関連性が低かった。発達障害特性の理解は，いずれのパーソナリティ特性とも弱い正の相関がみられ，弱い関連性が示唆された。発達障害の理解度についての自己評価は，共感性の視点取得とみ中程度の正の相関がみられ，中程度の関連性が示唆された。パーソナリティ特性間の相関については，弱から中程度の正の相関がみられ関連性が示唆されるが，判別分析において多重共線性の問題が想定されるほどの高い値ではなかった。

4 発達障害学生に対する援助意識に影響を及ぼす要因の検討

表1の困難例において，援助意識の3側面をそれぞれ基準変数，発達障害についての理解度に関する3側面，援助規範意識の2側面，および，共感性の2側面の計7変数を説明変数とする判別分析を行った(表6)。各変数の投入方法はステップワイズ法とした。

1．読み書きが苦手な大学生

正準相関は，援助意識の3つの側面において，順に $r=.41$，$r=.41$，$r=.34$ という値を示した。Wilksの λ が有意であったため，標準化判別係数を算出した。なお，交差確認済みの判別的中率は，援助意識の3つの側面において，順に71.2%，72.4%，71.2%であった。「手助けが必要と思うか（援助の必要性認知）」において有意な判別係数として残ったのは，「発達障害特性についての理解」「弱者救済規範意識」および「他者志向的反応」であり，「講義で見かけたら手助けするか(講義場面での援助行動)」において有意な判別係数として残ったのは，「発達障害の理解度についての自己評価」および「他者志向的反応」，そして「発達障害によって困っているとしたら手助けするか（発達障害と認識した場合の援助行動)」で有意な判別係数として残ったのは，「発達障害の理解度についての自己評価」

表6　発達障害学生に対する援助意識を基準変数とする判別分析の結果

			援助の必要性認知	講義場面での援助行動	発達障害と認識した場合
読み書きが苦手な大学生	正準相関		.41	.41	.34
	λ		$.84^{***}$	$.83^{***}$	$.88^{***}$
	判別係数				
	発達障害理解度	発達障害の下位分類の理解			
		発達障害特性についての理解	.42		
		発達障害の理解度についての自己評価		.40	.56
	援助規範意識	自己犠牲規範意識			
		弱者救済規範意識	.46		
	多次元共感性	他者指向的反応	.49	.89	.79
		視点取得			
	交差確認済み判別的中率（%）		71.2	72.4	71.2
忘れ物が多い大学生	正準相関		.27	.48	.41
	λ		$.93^{**}$	$.77^{***}$	$.83^{***}$
	判別係数				
	発達障害理解度	発達障害の下位分類の理解			.47
		発達障害特性についての理解			
		発達障害の理解度についての自己評価			
	援助規範意識	自己犠牲規範意識			
		弱者救済規範意識	1.00		
	多次元共感性	他者指向的反応		1.00	.86
		視点取得			
	交差確認済み判別的中率（%）		63.5	69.2	72.4
予定変更が不安な大学生	正準相関		.32	.40	.43
	λ		$.90^{***}$	$.84^{***}$	$.82^{***}$
	判別係数				
	発達障害理解度	発達障害の下位分類の理解			
		発達障害特性についての理解			.64
		発達障害の理解度についての自己評価			
	援助規範意識	自己犠牲規範意識	1.00	.53	
		弱者救済規範意識		.66	.75
	多次元共感性	他者指向的反応			
		視点取得			
	交差確認済み判別的中率（%）		64.7	68.6	70.5
空気を読むことが困難な大学生	正準相関		.35	.47	.46
	λ		$.88^{***}$	$.78^{***}$	$.79^{***}$
	判別係数				
	発達障害理解度	発達障害の下位分類の理解			
		発達障害特性についての理解	.51		
		発達障害の理解度についての自己評価		.50	.41
	援助規範意識	自己犠牲規範意識		.55	
		弱者救済規範意識	.74		
	多次元共感性	他者指向的反応			.60
		視点取得			.42
	交差確認済み判別的中率（%）		62.2	71.8	71.8
衝動性が強い大学生	正準相関		.26	.32	.39
	λ		$.93^{**}$	$.90^{**}$	$.85^{***}$
	判別係数				
	発達障害理解度	発達障害の下位分類の理解			
		発達障害特性についての理解			
		発達障害の理解度についての自己評価			
	援助規範意識	自己犠牲規範意識			
		弱者救済規範意識			.55
	多次元共感性	他者指向的反応		.58	.65
		視点取得	1.00	.62	
	交差確認済み判別的中率（%）		62.2	64.1	62.2

$^{**}p<.01$, $^{***}p<.001$

および「他者志向的反応」であった。

2．忘れ物が多い大学生

正準相関は，援助意識の3つの側面において，順に $r=.27$，$r=.48$，$r=.41$ という値を示した。Wilksの λ が有意であったため，標準化判別係数を算出した。なお，交差確認済みの判別的中率は，援助意識の3つの側面において，順に63.5%，69.2%，72.4%であった。「援助の必要性認知」において有意な判別係数として残ったのは「弱者救済規範意識」であり，「講義場面での援助行動」においては「他者志向的反応」であった。「発達障害と認識した場合の援助行動」で有意な判別係数として残ったのは，「発達障害の下位分類の理解」および「他者志向的反応」であった。

3．予定変更が不安な大学生

正準相関は，順に $r=.32$，$r=.40$，$r=.43$ という値を示した。Wilksの λ が有意であったため，標準化判別係数を算出した。交差確認済みの判別的中率は，順に64.7%，68.6%，70.5%であった。「援助の必要性認知」において有意な判別係数として残ったのは「弱者救済規範意識」であり，「講義場面での援助行動」においては「弱者救済規範意識」および「他者志向的反応」であり，「発達障害と認識した場合の援助行動」においては「発達障害の理解度についての自己評価」および「他者志向的反応」であった。

4．空気を読むことが困難な大学生

正準相関は，順に $r=.35$，$r=.47$，$r=.46$ という値を示した。Wilksの λ が有意であったため，標準化判別係数を算出した。交差確認済みの判別的中率は，順に62.2%，71.8%，71.8%であった。「援助の必要性認知」において有意な判別係数として残ったのは「発達障害特性についての理解」および「弱者救済規範意識」であり，「講義場面での援助行動」においては「発達障害の理解度についての自己評価」「自己犠牲規範意識」および「視点取得」であり，「発達障害と認識した場合の援助行動」においては「発達障害の理解度についての自己評価」「他者志向的反応」および「視点取得」であった。

5．衝動性が強い大学生

正準相関は，順に $r=.26$，$r=.32$，$r=.39$ という値を示した。Wilksの λ が有意であったため，標準化判別係数を算出した。なお，交差確認済みの判別的中率は，順に62.2%，64.1%，62.2%であった。「援助の必要性認知」において有意な判別係数として残ったのは「視点取得」であり，「講義場面での援助行動」においては「他者志向的反応」および「視点取得」であり，「発達障害と認識した場合の援助行動」においては「弱者救済規範意識」および「他者志向的反応」であった。

Ⅳ 考察

1 発達障害学生に対する援助意識と援助方法

1．本人困惑例

本人困惑例においては，「手助けする」が「手助けしない」よりも多く，その理由の第1位は「困っているなら助ける」であり，援助者側の判断に委ねられる部分が大きいと言える。しかし手助けする理由の第2位は「手助けが容易・共感できる」であり，手助けの手段が思い浮かびやすく，また，自分にも起こりうるものとして共感しやすかったことが，「手助けする」の多さに繋がると言える。実際，手助けの方法は，「ノートを見せる・貸す」や「事前連絡」など具体的支援を本人に直接行うものが多く，具体的な支援方法を大学で学ぶ機会をもつことが，援助意識の促進に繋がる可能性が示唆される。さらに，こういった支援は，大学生活を共に行うからこそ自然にできることとも言え，学生間における支援の強みと言える。一方，「手助けしない」理由を見ると「自己解決すべき」という回答が多く，発達障害に起因した読み書きの苦手さや忘れ物の多さの実態を正しく理解し，それらが怠けや努力不足によるものでないことを知ることが援助意識に繋がると言える。

2．周囲困惑例

周囲困惑例においては，「手助けしない」が「手助けする」よりも多く，その理由の第1位は「性格と判断」であった。つまり，これらの特性が発達障害に拠るものではなく元来の性格とみなされている。したがってここでも，発達障害特性について正しく理解することが援助意識の促進に必要不可欠と言える。また，「手助けする」理由に「周囲への影響性」があり，当事者と周囲の橋渡し的支援や，本人も含めたその場にいる人全体へ支援を行う姿勢が窺われる。実際，手助けの方法には「意見の代弁・仲介」や「話し合い・周囲へ

の理解提示」が含まれており，場合によっては，援助者自身が当事者あるいは周囲の人から傷つけられる可能性もあると言える。このことは，手助けしない理由の中に「迷惑・恐怖感」が含まれていることとも関連していると推測され，川住他（2010）は，このような発達障害学生に対して学生同士の関係のなかで支援を期待することに警鐘を鳴らしており，「非常な慎重さと教職員側からのコーディネート的介入が必要であり，発達障害に関する行動の専門的知識も必要とされるために難しい」と述べている。したがって，本人困惑例とは異なり周囲困惑例においては，援助者と当事者を含めた集団全体の調整という支援スタンスが求められ，さらに，学生間での支援に一任するのではなく，教職員が発達障害について認識を深め，いつでも介入できる体制を整えるなど，教員・職員を含めた大学の構成員全体が関与して支援を行うことが必要不可欠である。

2　発達障害についての理解度と援助意識との関連性

判別分析から，「発達障害特性についての理解」が，「例 1：読み書きが苦手な大学生」および「例 4：空気を読むことが困難な大学生」において，「援助の必要性認知」に正の関連を示しており，発達障害の特性を正しく理解していることと，発達障害学生は他者からの手助けが必要であると考えていることの間に関連があることがわかった。次に，「発達障害の理解度についての自己評価」は，「例 1:読み書きが苦手な大学生」および「例 4：空気を読むことが困難な大学生」において，「講義場面での援助行動」に正の関連を示し，さらに「例 1：読み書きが苦手な大学生」「例 3：予定変更が不安な大学生」および「例 4：空気を読むことが困難な大学生」において，「発達障害と認識した場合の援助行動」に正の関連を示した。つまり，発達障害について自分は理解できていると思っていることが援助意識と結びつき，自ら手助けのための行動を起こすことにも繋がっていると言える。「発達障害の下位分類の理解」は，すべての例において，どの援助意識とも関連が見られなかった。つまり，発達障害の下位分類についての知識の獲得は援助意識の促進には結びつかず，各障害特性を具体的に知ることや，障害特性の理解度に関する自己評価を高めることが援助意識の促進に繋がると言える。障害特性の理解度に関する自己評価を高めるためには，障害特性や支援方法を具体的に知り，場合によっては，発達障害者本人と係わりながら体験的にこれらを知ることが重要ではないだろうか。

なお，本研究で実施したパーソナリティ特性はすべて援助意識に正の関連を示すことが確認された。これは先行研究の結果を踏まえれば当然とも言えるが，そのようなパーソナリティ特性の影響を除いたとしても，発達障害の理解度が援助意識に正の関連を示したことが意義深い。このことは，大学で発達障害への理解を深める取り組みを行うことが，個人のパーソナリティ特性の効果とは別の成分として援助意識の促進に繋がる可能性を示唆している。

一方，「例 5：衝動性の強い大学生」への援助意識には発達障害の理解度は関連を示さなかった。これについては，衝動性の強さが性格と捉えられ，また，係わると巻き込まれる恐れもあり，援助意識が芽生えにくかったと推測される。したがって，このような事例への援助については，発達障害の理解を深めること以外の方法も検討する必要があると言える。

3　大学における今後の発達障害学生への支援

大学における発達障害学生への支援に必要なことがらについて，3 つの観点から述べる。まず 1 点目は，発達障害について学ぶ機会の必要性である。判別分析の結果から，発達障害の理解度は，関連が予想されるパーソナリティ特性の影響を除いても援助意識に結び付いていた。発達障害についての理解度は，学習経験によって変容可能な個人内要因である。鈴木・東條（2014）の研究においても，発達障害について専門的に学んだ経験がある学生とない学生を比較すると，発達障害について専門的に学んだ経験がある学生のほうが発達障害への理解度と援助意識が共に高いことが示唆された。したがって，大学において講義や実習を通して，発達障害について正しく理解する機会を設けることが，大学生全般の援助意識の向上に繋がると考えられる。

2 点目として，発達障害の正しい理解を促すためには，発達障害の下位分類の理解ではなく，各障害の障害特性を具体的に理解することが肝要である点が挙げられる。周囲困惑例において「手助けしない」と回答した人の多くは「性格と判断」しており，仮に講義などで発達障害の下位分類を学んでも，周囲困惑例のような困難さについては，発達障害によるものではなく，その人の性格と捉える可能性がある。したがって，援助意識を高めるには，障害名や下位分類ではなく，障害特性を具体的に理解することが重要と言える。加えて，発達障害について自分は理解できていると捉えているほど援助意識に結び付いていることも明らかになっており，発達障害の理解度についての自己評価を高めるためには，障害特性が引き起こす困難さを具体的に取り上げながら，それらに見合う援助方法を実際的に学ぶことが肝要と推測される。

3点目は，周囲困惑例においては，当事者に加えその周囲の人も視野に入れた支援を考えることの必要性である。周囲困惑例では当事者と周囲との「間」に障害が生じており，本人はもちろん集団全体が困難さを抱えている。したがって，本人への支援という発想ではなく，集団に属する人々が各人各様に，この「間」の調整を図るというスタンスが求められる。これは，援助者／本人という区別を超えて，多様な在り方を相互に認め合う全員参加型の社会（＝共生社会）の実現という考え方にも近い。障害がある人，または障害が疑われる人に対して，「障害（または障害の疑い）」であることを理由に手助けするのではなく，「自分自身も含めて世界にはさまざまな人がいて，人にはそれぞれ得意なことや苦手なこと，できることやできないことがある，だからお互いに助け合おう」という多様性の認識を前提とした相互扶助を目指していく必要があるだろう。その際，障害理解を図るうえで，特定領域における“できる／できない”の二分法によって，発達障害に対する不必要なスティグマの増長を防ぐ工夫も必要である。そのためには先にも述べた通り，このような取り組みを大学生同士の関係に一任するのではなく，教職員も含めた大学構成員全体で実現していくことが重要であろう。その際，健常学生にナチュラルサポーターとしての素養を高めるアプローチ（滝吉・田中，2011）や，近年大学での実践が増加しているピアサポーターによるインフォーマルな支援，課題解決にあたって，具体的に指示するだけではなく，支援者も参加して一緒に取り組む“伴奏的アプローチ”（上岡，2014）などは，大学構成員全体での支援アプローチのひとつとして今後の発展が期待される。

4 本研究の限界と今後の課題

本研究では，発達障害学生への援助意識と発達障害についての理解度の関連性および，援助する（または しない）理由と援助方法を実証的に明らかにすることができた。しかし，本研究には次のような限界があり，今後の検討が必要である。

まず，本研究データはサンプルサイズが小さく，サンプルの所属学部の内訳も限られていたため，今後は複数の大学，多様な学部を対象に調査を行う必要がある。次に，調査内容について，仮想的な困難事例を示して援助意識を測定したが，その事例の呈示方法に改善の余地があるかもしれない。困難事例であることを明確にするために，「空気を読めず場にそぐわない発言」や「ズバズバ物を言う」など，客観的事実以上の否定的解釈を含めた表現を用いていた。より客観的かつニュートラルな表現を用いることで，より自然な状況における評定ができるように測定方法を改める必要があるだろう。また，本研究の知見は1時点データにおける関連性の分析に基づいているため，今後は因果関係を明確にできる研究デザインと分析方法を用いてより詳細に検討する必要がある。さらに，判別分析における判別係数や判別的中率の値が十分に高いものではなかったため，援助意識に関連する他の変数も考慮してより説明力の高いモデルを構築することも必要であろう。最後に，大学における発達障害学生についての理解を促す取り組みについて，発達障害学生へのスティグマの増長を防ぎつつ共生社会の構築に向けた具体的かつ効果的な方法を検討していくことが必要である。

▶付記

質問紙調査にご協力いただきました皆様に心より感謝申し上げます。

▶文献

Eisenberg, N. (1992). *The Caring Child*. Harvard University Press.
（アイゼンバーグ, N., 二宮克美・首藤敏元・宗方比佐子（共訳）(1995). 思いやりのある子どもたち —向社会的行動の発達心理— 北大路書房）

箱井英寿・高木 修（1987）. 援助規範の性別，年代，および世代間の比較. 社会心理学研究，3(1)，39-47.

Hendrickx, S. (2009). *Asperger Syndrome and employment : What people with Asperger Syndrome really want*. Jessica Kingsley Publishers.

Hoffman, M.L. (2000). *Empathy and moral development*. Cambridge University Press, Cambridge.
（ホフマン，M.L.，菊池章夫・二宮克美（訳）(2001).

共感と道徳性の発達心理学　川島書店）
川住隆一・吉武清實・西田充潔・細川　徹・上埜高志・熊井正之・田中真理・安保英勇・池田忠義・佐藤静香（2010）．大学における発達障害のある学生への対応　—四年制大学の学生相談機関を対象とした全国調査を踏まえて—　東北大学大学院教育学研究科研究年報，1，435-462.
松井　豊（1981）．援助行動の構造分析　心理学研究，52，226-232.
宮崎紗織・中田洋二郎・佐藤秀行・永井　智・田村英恵（2015）．発達障害特性による大学生活の困難性への支援　—自閉症スペクトラム障害に対する大学生の援助意識に関する調査—　立正大学臨床心理学研究，13，19-29.
日本学生支援機構（2016）．平成28年度障害のある学生の修学支援に関する実態調査結果報告書
岡本百合・三宅典恵・仙谷倫子・矢式寿子・内野悌司・磯部典子・栗田智未・小島奈々恵・二本松美里・松山まり子・石原令子・杉原美由紀・古本直子・國廣加奈美・高橋涼子・河内桂子・山手紫緒・横崎恭之・日山　亨・山脇成人・吉原正治（2012）．発達障害に関する理解と認識　—大学生意識調査—　総合保健科学：広島大学保健管理センター研究論文集，28，1-8.
桶谷文哲（2013）．発達障がい学生支援における合理的配慮をめぐる現状と課題　学園の臨床研究，12，57-65.
佐々木正美・梅永雄二（監修）（2010）．大学生の発達障害　講談社
斎藤清二・西村優紀美・吉永崇史（2010）．発達障害大学生支援への挑戦　—ナラティブ・アプローチとナレッジ・マネジメント—　金剛出版
佐藤克敏・徳永　豊（2006）．高等教育機関における発達障害のある学生に対する支援の現状　特殊教育学研究，44，157-163.
嶋　信宏（1992）．大学生におけるソーシャルサポートの日常生活ストレスに対する効果　社会心理学研究，7，45-53.
須田奈都実・高橋知音・上村恵津子・森光晃子（2011）．大学における発達障害学生支援の現状と課題　心理臨床学研究，29，651-660
鈴木有美・木野和代（2008）多次元共感性尺度（MES）の作成—自己指向・他者指向の弁別に焦点を当てて—56(4)，487-497.
鈴木友歩子・東條吉邦（2014）．大学生における発達障害の理解に関する研究　茨城大学教育学部紀要，63，157-181.
高橋知音（2012）．発達障害のある大学生のキャンパスライフサポートブック　学研教育出版
滝吉美知香・田中真理（2011）．発達障害者とともに生きる「ナチュラルサポーター」の育成を目指して　—思春期・青年期の定型発達者における発達障害および自己に対する理解の変化—　東北大学大学院教育学研究科年報，59，167-192.
上岡義典（2014）．組織的でない発達障害学生へのピアサポートの重要性と可能性　リメディアル教育研究，9，30-34.
與久田巌・太田　仁・髙木　修（2011）．女子大学生の援助要請行動の領域，対象，頻度と大学生活不安および社会的スキルとの関連　関西大学社会学部紀要，42，105-116.

University Students' Understanding of Developmental Disorders and Their Support-Oriented Attitude Toward Their Peers with Developmental Disorders

Akiko Kyogoku[1), Aiko Hirosawa[2), Masafumi Ohnishi[2)

1) Shiga Prefectural Government
2) Faculty of Education, Humanities and Sciences, Fukui University

This study has focused on the relationship between university students' understanding of developmental disorders and their support-oriented attitude toward their peers with developmental disorders. A questionnaire survey was administered to 156 undergraduate and graduate students. The data were analyzed qualitatively and quantitatively. The results include the following. First, 'recognition of the need to help' students with developmental disorders was related to their "understanding of the characteristics" in developmental disorders when partialling out empathy and normative attitude toward helping. Second, "helping behavior in the class" was related to "self-assessment of their understanding" of developmental disorders. Third, "helping behavior" had no relationship with the "understanding of the subcategory" and "understanding of the characteristics". Finally, it was difficult for students to help their peers with "high drive impulse" caused by their developmental disorder, as this could be misinterpreted as their personality, and further, they might fear to get involved in trouble. Based on these results, what support is necessary for university students with developmental disorders was discussed.

Keywords : university students, understanding of developmental disorders, a support-oriented attitude

実践研究論文の投稿のお誘い

『臨床心理学』誌の投稿欄は，臨床心理学における実践研究の発展を目指しています。一人でも多くの臨床家が研究活動に関わり，対象や臨床現場に合った多様な研究方法が開発･発展され，研究の質が高まることで，臨床心理学における「エビデンス」について活発な議論が展開されることを望んでいます。そして，研究から得られた知見が臨床家だけでなく，対人援助に関わる人たちの役に立ち，そして政策にも影響を与えるように社会的な有用性をもつことがさらに大きな目標になります。本誌投稿欄では，読者とともに臨床心理学の将来を作っていくための場となるように，数多くの優れた研究と実践の取り組みを紹介していきます。

本誌投稿欄では，臨床心理学の実践活動に関わる論文の投稿を受け付けています。実践研究という場合，実践の場である臨床現場で集めたデータを対象としていること，実践活動そのものを対象としていること，実践活動に役立つ基礎的研究などを広く含みます。また，臨床心理学的介入の効果，プロセス，実践家の訓練と職業的成長，心理的支援活動のあり方など，臨床心理学実践のすべての側面を含みます。

論文は，以下の５区分の種別を対象とします。

論文種別	規定枚数
①原著論文	40 枚
②理論・研究法論文	40 枚
③系統的事例研究論文	40 枚
④展望・レビュー論文	40 枚
⑤資料論文	20 枚

①「原著論文」と⑤「資料論文」は，系統的な方法に基づいた研究論文が対象となります。明確な研究計画を立てたうえで，心理学の研究方法に沿って実施された研究に基づいた論文です。新たに，臨床理論および研究方法を紹介する，②「理論・研究法論文」も投稿の対象として加えました。ここには，新たな臨床概念，介入技法，研究方法，訓練方法の紹介，論争となるトピックに関する検討が含まれます。理論家，臨床家，研究者，訓練者に刺激を与える実践と関連するテーマに関して具体例を通して解説する論文を広く含みます。④「展望・レビュー論文」は，テーマとなる事柄に関して，幅広く系統的な先行研究のレビューに基づいて論を展開し，重要な研究領域や臨床的問題を具体的に示すことが期待されます。

③「系統的事例研究論文」については，単なる実施事例の報告ではなく，以下の基準を満たしていることが必要です。

①当該事例が選ばれた理由・意義が明確である，新たな知見を提供する，これまでの通説の反証となる，特異な事例として注目に値する，事例研究以外の方法では接近できない（または事例研究法によってはじめて接近が可能になる），などの根拠が明確である。
②適切な先行研究のレビューがなされており，研究の背景が明確に示される。
③データ収集および分析が系統的な方法に導かれており，その分析プロセスに関する信憑性が示される。
④できる限り，クライエントの改善に関して客観的な指標を示す。

本誌投稿欄は，厳格な査読システムをとっています。査読委員長または査読副委員長が，投稿論文のテーマおよび方法からふさわしい査読者２名を指名し，それぞれが独立して査読を行います。査読者は，査読委員およびその分野において顕著な研究業績をもつ研究者に依頼します。投稿者の氏名，所属に関する情報は排除し，匿名性を維持し，独立性があり，公平で迅速な査読審査を目指しています。

投稿論文で発表される研究は，投稿者の所属団体の倫理規定に基づいて，協力者・参加者のプライバシーと人権の保護に十分に配慮したうえで実施されたことを示してください。所属機関または研究実施機関において倫理審査，またはそれに代わる審査を受け，承認を受けていることを原則とします。

本誌は，第９巻第１号より，基礎的な研究に加えて，臨床心理学にとどまらず，教育，発達実践，社会実践も含めた「従来の慣習にとらわれない発想」の論文の募集を始めました。このたび，より多くの方々から投稿していただけるように，さらに投稿論文の幅を広げました。世界的にエビデンスを重視する動きがあるなかで，さまざまな研究方法の可能性を検討し，研究対象も広げていくことが，日本においても急務です。そのために日本の実践家や研究者が，成果を発表する場所を作り，活発に議論できることを祈念しております。

（査読委員長：岩壁 茂）（2017 年 3 月 10 日改訂）

臨床心理学＊最新研究レポート シーズン3
THE NEWEST RESEARCH REPORT SEASON 3

第22回

クライアントの経済困窮感と心理療法

Thompson MN, Goldberg SB & Nielsen SL（2018）Patient financial distress and therapy outcome : Naturalistic psychotherapy. Journal of Counseling Psychology 65 ; 523-530. https://doi.org/10.1037/cou0000264.

和田香織 *Kaori Wada*
［カルガリー大学］

I　はじめに

2019～2020年度のアメリカ心理学会（American Psychological Association : APA）会長に就任したRosie Philips Davisは，任期中のイニシアティブのテーマに“Deep Poverty”を選んだ。会長イニシアティブは，Seligman（1998年度会長）がポジティブ心理学をテーマにしたことで，その領域の研究が急増したことからもわかるように，その後の心理学研究を大きく方向付ける効果がある。

Deep Povertyとは，相対的貧困率のさらに50％未満の世帯所得での生活を指し（日本で言えば4人世帯で125万円程度），米国人口の5.8％がDeep Povertyの状態にあると言われている（UC Davis Centre for Poverty Research, n.d.）。心理学の知見を社会政策などの意思決定に活かすことで貧困問題に取り組むDavisのリーダーシップは，経済格差がより深刻化している米国の社会的要請に応えようとするものである。

日本でも経済格差が急激に進行している。格差と貧困は対岸の火事ではない。そこで本稿では，心理療法と経済的困窮の関係についての論文を紹介したい。ウィスコンシン大学マディソン校のThompsonらによる論文は，APAが発行するジャーナルのひとつである“Journal of Counseling Psychology”に，短報（Brief Report）として掲載された。この研究の注目すべき点は，①心理療研究で経済的困窮感を扱った先駆け的な研究であること，②クライアントのベースライン（治療開始時）での経済的困窮感と心理療法の効果指数との関係を検証したこと，③それらの関係がセラピスト効果にある可能性を示唆する最初の研究であること，④貧困や格差について，“American Psychologist”や“Psychotherapy”などの権威ある学術誌に論文を発表している気鋭の若手カウンセリング心理学者による研究論文であり，新奇性と今後の発展示唆に富んでいることが挙げられる。

II　心理療法と社会経済的地位

社会経済的地位や貧困が，健康や精神衛生にもたらす影響は広く知られているが，心理療法の領域では長く注目されてこなかった（Lott, 2002 ; Smith, 2005）。一方で，経済的に困難な状況にあるクライアントが，心理療法からドロップアウトする比率が高く，また治療効果が低いことは，今までも散発的かつ偶発的に報告されてきた（Falconnier, 2009 ; Swift & Greenberg, 2012 ; Wierzbicki & Pekarik, 1993）。しかし多くの場合，社会経済的地位や経済的困窮の心理療法の影響を本来の研究目的としておらず，心理療法効果検証のためのランダム化比較試験など，別目的の研究の記述統計手続きとして報告されてきたにすぎない。

また，低所得層のクライアントの効果が芳しくない原因について，低所得者の何らかの特性，つまり「クライアント効果」に帰するという言説で語られてきた。治療や回復へのモチベーションが低い，または洞察を得るための特性，心理的な経験や意味合いを言語化する能力などが劣っているのではないか，という憶測である。Lott（2002）や Smith（2005）は，それらの憶説や言説そのものが差別的であり，心理学に蔓延する階級差別と偏見の表れであると批判した。

1　セラピスト効果と治療関係

本論文の新奇性は，経済困窮と治療の関係を，セラピスト効果の文脈で検証したことにある。セラピスト効果とは，セラピスト自身の変数が心理療法効果に及ぼす影響を指す（Baldwin & Imel, 2013）。現時点で，セラピスト自身の社会経済的地位や階級差別意識などの変数と治療効果の関係性を直接検証した研究は報告されていない。しかし，いくつかの研究で，格差や経済的困窮の問題へのセラピストの対応能力が，治療同盟に影響を与えることが示唆されている。特に，Falconnier & Elkin（2008）は，社会経済的地位にかかわらず，86%のクライアントが面談中に家計，就労，失業などに関する経済的ストレスに言及していること，そして，それらの経済的ストレスについて面談内で対話を行ったセラピストのほうが，そうでないセラピストよりも，クライアントの治療効果が高いことを明らかにした。

III　研究目的と方法

Thompson らは，先行研究から以下の３つの仮説を導き出し検証している。

①ベースライン（心理療法開始前）で経済的困窮感が高かったクライアントほど，治療を継続する確率（retention）が低い。
②ベースラインで経済的困窮感が高かったクライアントほど，治療終了時の治療効果指数が低い。
③経済的困窮感と効果の関係は，どのセラピストでも同等ではなく，セラピストによって異なる。

分析には，米国の大規模大学のカウンセリングセンターで 5,087 人のクライアントから収集された既存データが利用された。副題の「自然心理療法研究（naturalistic psychotherapy）」とは，研究のために参加条件や治療内容を操作せず，自然な治療環境で行われた心理療法をいう。内的妥当性が高く外的妥当性が低いランダム化比較試験と対照に，外的妥当性は高いが内的妥当性が低いという特徴がある。

クライアントは，研究の行われた大規模大学に通う学生で，平均年齢は 22.40 歳（*SD*=4.01），81.9%が白人だった。心理療法は学生サービスの一環で希望者に無料で提供され，制限回数はなかった。面談回数の平均値は 5.31 回（*SD*=6.01, range=1 to 103, edian=4）だった。心理療法は 238 名のセラピスト（大多数が折衷，もしくは統合主義）によって提供され，毎回の面談開始時にクライアントが以下の２種類の質問紙に回答した。

Outcome Questionnair-45（OQ-45）：Lambert（2004）によって開発され，広く心理療法の効果研究に使われている 45 問の尺度である。症状に関する苦痛，人間関係，そして社会的役割の機能の３つの下位領域で構成されている。

Presenting Problem Checklist（PBC）：米国の多くの大学カウンセリングセンターが加盟している研究ネットワーク，Research Consortium of Counseling and Psychotherapy Services in

Higher Education[注1)] が1998年に開発した，大学生の主訴問題を効率よく把握するための質問紙である。本研究では43問のなかから，経済困窮感に関しての項目を用いた。

Ⅳ　研究結果

研究の結果，仮説１と２は支持され，仮説３は部分的に支持された。詳しく見ていくと，まずベースラインで経済的困窮感が高かったクライアントほど，初回面談以後も治療を継続する確率が低く，この結果はクライアントの年齢，性別，およびベースラインの機能レベル（OQ-45得点）を共変量としてコントロールしても，同様の結果だった（仮説1）。次に，治療効果についても，ベースラインで経済的困窮感が高かったクライアントほど，治療終了時の治療効果指数（OQ-45得点）が低く，ベースラインでの機能レベルをコントロールしても負の関係が認められた（仮説2）。これらの結果は，先行研究と一致している。

さらに，経済的困窮感と効果の関係はセラピストによって異なるという仮説３については，終了時の治療効果指数では有意差は見られなかったものの，治療開始初期のドロップアウトでは有意差が見られた。この結果は本研究の最も重要な点で，経済的困窮感を感じているクライアントがドロップアウトする確率は，どのセラピストでも同等ではなく，セラピストによって違うということである。つまり，経済的困窮感を抱えるクライアントがドロップアウトするのは，セラピストの何らかの特性や能力などの「セラピスト効果」が関与していることを示している。

Ⅴ　考察と研究の限界

これまで，心理療法の効果指数が芳しくない理由は，低所得者・経済的困難者の「クライアント効果」として語られてきた。そのような背景において，自然治療環境で収集された大規模データを用い，セラピスト効果の可能性を示唆した本論文は，先駆的であると言えるだろう。

しかしながら，本研究には，実験操作のない自然心理療法研究，および，すでに採取されたデータを使用するアーカイブ研究に特有な研究方法の限界があることを考慮しなければならない。まず，参加者の81.9%が白人，平均年齢が20.40歳（*SD*=4.01）という偏りがある。大学生ということから，経済的困窮の性質も学費の支払いや学生ローンに関する懸念と推測され，生命を維持するために必要な住居や食物さえ事欠く貧困層への一般化可能性は限られている。また，認められた有意差も，効果量は全般的に少量にとどまる。既存の質問紙（PPC）のなかから単一項目のみを用いて経済的困窮の指標としており，自己申請（self-report）による主観的な経済的困窮感に限られている。

さらに，セラピストに関するデータに乏しいという問題もある。経験年数，トレーニング背景，出身社会経済的地位，階級差別や偏見など，セラピスト自身に関しての変数データがあれば，仮説３についてもっと意義のある分析が可能だっただろう。これらの限界に対しては，今後対象を大学生から一般成人に広げ，多次元的に経済的困窮感を測定できる尺度を使用し，セラピスト変数を取り入れた効果の検証が期待される。

Ⅵ　Thompsonの他論文の文脈から

紹介した論文は，単一では上記のような限界がため，筆頭著者であるThompsonの他論文と併せて読むことを推奨する。まず，"Psychotherapy"に掲載された論文（Thompson, Chin & Kring,

注 1）The Research Consortium of Counseling and Psychological Services in Higher Education は，テキサス大学オースティン校に本部を置き，米国の多くの大学カウンセリングセンターが加盟している研究ネットワークである。大学生の精神衛生や心理療法効果・プロセスについての研究土壌として機能しており，近年では70大学26,000人以上の大学生，大学院生が参加した希死願望・自殺行動・援助要請行動についての大型研究が行われた（cf. Drum et al., 2009）。

2019）では，クライアントの社会経済的地位と性的志向を暗示する台詞を変化させた異なるバージョンの心理面談ビデオを用意し，有資格セラピスト（n=257）に無作為に見せるというビネット調査を行った。結果は，クライアントが下層階級に設定された面談ビデオを見たセラピストは，中流上層階級に設定された面談を見たセラピストより，クラアントがより多くの症状を患っており，より低い人生満足感と職業満足感をもっていると評価した。つまり，実験操作によって，セラピストが低所得者に対してもつ先入観を暴露したのである。

また，低所得者クライアントに実際に受けた心理療法の体験を聞いた質的研究（Thompson, Cole & Nitzarim, 2012）では，クライアントはセラピストとの経済格差を意識しており，セラピストの経済的困窮に関する理解力や対話意欲，面談時間内外におけるアドボカシー努力などが治療同盟に影響を及ぼすことを示した。さらに，この論文と対を成しているセラピピストのインタビュー研究（Thompson et al., 2015）では，低所得者クライアントとの心理療法によってさまざまな逆転移感情を呼び起こされており，自らの訓練や精神衛生の構造に矛盾や限界を感じている様子を明らかにしていた。

VII　結び

本論文についてThompsonのこれらの研究結果を背景に考察すると，経済格差や経済困窮の問題は，セラピストの認識にかかわらず，心理療法のプロセス，および治療同盟に作用していることが浮かび上がってくる。社会経済的地位の話題を持ち出すことは容易ではなく，一層の配慮と臨床能力を必要とする。しかしながら，セラピストが自らの経済的地位や先入観を内省することなく，社会経済的地位の問題に対して理解し対話する意欲を伝えなければ，クライアントは「セラピストは恵まれていて，自分のような経済困窮者の気持ちはわからない」[注2]と判断してしまうかもしれない。そうなれば治療を継続する意欲も削がれて，ドロップアウトしてしまっても不思議ではない。

社会経済的地位や社会階級に関する心理学研究は，Liuほか（Liu, 2001 ; Liu et al., 2004）による理論化，Cavalhieri & Chwalisz（2020）やColbow et al.（2016）による階級差別・偏見を測定する尺度の開発など，近年発展が著しい。Thompson自身も，就労と貧困についての論考（Thompson & Dahling, 2019）を，APAが発行する最も権威ある雑誌である“American Psychologist”に寄せている。心理療法研究でもこれらの土壌を生かし，格差拡大・貧困といった社会問題を見据えた研究と，セラピストのトレーニングやスーパービションへの還元が期待される。

▶文献

Baldwin SA & Imel ZE（2013）Therapist effects : Findings and methods. In : MJ Lambert（Ed）Bergin and Garfield's Handbook of Psychotherapy and Behavior Change. 6th Ed. Hoboken, NJ : Wiley, pp.258-297.

Bluestein DL（2006）The Psychology of Working : A New Perspective for Career Development, Counseling and Public Policy. New York : Routledge.

注2）日本の心理臨床職は，低賃金で非正規雇用が多く，雇用が安定しないと聞く。ワーキングプア現象が広がる日本で，「自分だって恵まれているわけではない」という反応もあるだろう。そのうえで，以下3点を示しておきたい。まず，第1に，多くの低所得層出身者にとっては，大学進学の選択肢が閉ざされていること，就労選択に「やりがい」という要因は最初から外されていること（Bluestein, 2006）。第2に，Thompson et al.（2015）のセラピストを対象にした質的研究では，セラピストの逆転移として，低所得階級出身のセラピストの罪悪感や，学生ローンを抱えて非常勤職にあるセラピストが，生活保護を受けるクライアントとの面談で，「明日は我が身」という切実な不安を呼び起こされる様子も語られている。第3に，高学歴・専門職であるはずのセラピストの雇用が不安定であることは，かつてのような「資産家・知識階級」対「労働者・下層階級」という二項対立では，社会経済構造（とその心理的影響）を語れないことを表している。さらに踏み込んで言えば，臨床心理学に関わる私たちが，研究と臨床，社会活動などを通して貧困や格差の問題に向きあわずにいれば，私たち自身も貧困や格差に呑み込まれてしまいかねないという警告でもある。

Cavalhieri K.E & Chwalisz K (2020) Development and initial validation of the Perceived Classism Experiences Scale. The Counseling Psychologist 48-3 ; 310-341. https://doi.org/10.1177/0011000019899395.

Colbow AJ, Cannella E, Vispoel W et al. (2016) Development of the Classism Attitudinal Profile (CAP). Journal of Counseling Psychology 63 ; 571-585. doi:10.1037/cou0000169.

Drum DJ, Brownson C, Burton Denmark A & Smith SE (2009) New data on the nature of suicidal crises in college students : Shifting the paradigm. Professional Psychology : Research and Practice 40-3 ; 213-222. http://dx.doi.org/10.1037/a0014465.

Falconnier L (2009) Socioeconomic status in the treatment of depression. American Journal of Orthopsychiatry 79 ; 148-158. http://dx.doi.org/10.1037/a0015469.

Falconnier L & Elkin I (2008) Addressing economic stress in the treatment of depression. American Journal of Orthopsychiatry 78 ; 37-46. http://dx.doi.org/10.1037/0002-9432.78.1.37.

Lambert MJ (2004) Administration and Scoring Manual for the OQ45.2. 3rd Ed. Salt Lake City, UT : OQ-45 Measures.

Liu WM (2001) Expanding our understanding of multiculturalism : Developing a social class worldview model. In DB Pope-Davis & HLK Coleman (Eds) The intersection of race, class, and gender in counseling psychology. Thousand Oaks, CA : Sage, pp.127-170.

Liu WM, Ali SR, Soleck G et al. (2004) Using social class in counseling psychology research. Journal of Counseling Psychology 51 ; 3-18. doi:10.1037/0022-0167.51.1.3.

Lott B (2002) Cognitive and behavioral distancing from the poor. American Psychologist 57 ; 100-110. http://dx.doi.org/10.1037/0003-066X.57.2.100.

Smith L (2005) Psychotherapy, classism, and the poor : Conspicuous by their absence. American Psychologist 60 ; 687-696. http://dx.doi.org/10.1037/0003-066X.60.7.687.

Swift JK & Greenberg RP (2012) Premature discontinuation in adult psychotherapy : A meta-analysis. Journal of Consulting and Clinical Psychology 80 ; 547-559. http://dx.doi.org/10.1037/a0028226.

Thompson MN, Chin MY & Kring M (2019) Examining mental health practitioners' perceptions of clients based on social class and sexual orientation. Psychotherapy 56 ; 217-228. https://doi-org.ezproxy.lib.ucalgary.ca/10.1037/pst0000222.

Thompson MN, Cole OD & Nitzarim RS (2012) Recognizing social class in the psychotherapy relationship : A grounded theory exploration of low-income clients. Journal of Counseling Psychology 59 ; 208-221. http://dx.doi.org/10.1037/a0027534.

Thompson MN & Dahling JJ (2019) Employment and poverty : Why work matters in understanding poverty. American Psychologist 74 ; 673-684. https://doi.org/10.1037/amp0000468.

Thompson MN, Nitzarim RS, Cole OD et al. (2015) Clinical experiences with clients who are low-income : Mental health practitioners' perspectives. Qualitative Health Research 25 ; 1675-1688. https://doi.rg/10.1177/1049732314566327.

UC Davis Centre for Poverty Research (n.d.) What is "deep poverty"? Retrieved from https://poverty.ucdavis.edu/faq/what-deep-poverty.

Wierzbicki M & Pekarik G (1993) A meta-analysis of psychotherapy dropout. Professional Psychology : Research and Practice 24 ; 190-195. http://dx.doi.org/10.1037/0735-7028.24.2.190.

♬ 主題と変奏――臨床便り

第 **43** 回

能楽の魅惑と心理臨床

前原寛子
［パナソニック健康保険組合 松下記念病院］

能楽は，能と狂言からなる日本独自の舞台芸術であり，ユネスコ無形文化遺産にも登録された現存する世界最古の演劇である。

能の特徴は，シンプルさにある。極力簡素化された空間で，一切の無駄をそぎ落とした所作と舞い。それが“洗練”だといわれるが，私のような初学者にとっては眠気を誘う仕掛け以外の何ものでもない。つい眠ってしまうのだ……はじまりのお囃子を聴いていたつもりが気づくと舞台が終わって役者が退場するところだった，ということも一度や二度ではない。

ある能楽師によると「寝るのも，ひとつ」だという。チケット代が安くないことも思い出しながら，何が何でも起きていようと，もがく。もがきながらも，寝てしまう。その様子をあるとき，舞台の上の師匠が見ていたらしい。叱られるかと思いきや，師匠曰く，「眠くなるのも無理はない。あの囃子のリズムは，人間の鼓動。子守歌と同じだからね」と。

「能はセラピーだ」という話を思い出す。能では主人公をシテ，相手役をワキと呼ぶ。非業の死を遂げた武者や子どもを亡くして泣き狂う母親，愛する人を失い悲しみに暮れる女など，シテはうらみつらみ，無念を語る。そこにじっと寄り添い，ただひたすらに耳を傾けるのがワキ（旅の僧侶など）である。シテが魂の救済を求め，語り終えてから成仏する，という構成の物語において，ワキが果たす役割は，精神分析家のそれにたとえられる。

子守歌のリズムで覚醒度を下げ，軽催眠状態をもたらす。あるいは無意識のレベルに働きかける。そぎ落とされた動きは，余白の大きさゆえに投影が起こりやすい。観客は自分自身の体験と重ね合わせて，味わい，時に涙する。能を見守る観客もまた，それぞれにカタルシスを得ると考えるならば，能は集団精神療法の装置でもある。

表情のないたとえによく用いられる能面であるが，実際は違う。上下左右，微妙な傾きによって，その表情は驚くほど変わるのだ。豊臣秀吉が愛蔵した，雪月花という3つの女面が知られる。天下人さえも魅了したそのわけは，単に造作の美しさだけではないだろう。

裏と表。これは目に見える物理的なものだという。目に見えないものを指すときには，心（うら）と面（おもて）というのだと，これも能楽師から聞いた話だ。うら病む（羨む），うら寂しいなど，人の心を「うら」と呼ぶことはあるが，能面を「おもて」と呼ぶことにも合点がいく。能面は物であるにもかかわらず，表情がくるくると変わるのだ。目には見えない，人の心の移ろいのままに。

物語が語られる場面に，立ち会う。見えるようで見えない，わかるようでわからない表情を追って，その人物の心をおしはかる。舞台上でシテが癒やされていくさまを眺めながら，自分自身も癒やされていく。風姿花伝を著した世阿弥の意図は知るよしもないが，約650年にわたり受け継がれてきたことには理由があるのだろう。能に秘められた心に魅せられて，今日も私は能楽堂に足を運んでいる。

書評 BOOK REVIEW

藤井真樹［著］
他者と「共にある」とはどういうことか
――実感としての「つながり」

ミネルヴァ書房・A5判並製
定価3,500円（税抜）
2019年9月刊

評者＝田崎みどり（立命館大学大学院／長崎純心大学）

本書は，これまで心理学が研究の対象としてこなかった日常生活における「つながり」を，質的な研究方法で真正面から捉えようとした力作である。「本書における出発点は，研究主体である以前に，まずは一つの生ある生活主体である私が，近親者の看護や死という，自らの意思や努力では如何ともしがたい体験を生き，受け止める中で，必然的にそこへ導かれることとなった問い，すなわち他者とつながることの意味への素朴な問いにある」（強調は評者）。著者のこの言葉をもとに，本書の意義について述べてみたい。

まず注目すべきは，著者が自らを「私」と称していることであろう。著者は，「研究者が当の事象をどのように感じつつ生きていたのかということを明らかにすることによって，『実感』に根差した知を目指すことが可能である」とし，目的に沿った研究方法として鯨岡峻の関与観察とエピソード記述を用いている。保育現場の子どもとの関わりや父親の闘病生活などが生き生きと記述されているが，特に父親をめぐるエピソードにおいては，当事者であり，かつ研究者である「私」の息遣いまでも感じられそうな記述が目を引く。エピソード記述という方法の凄みを実感できるが，同時にこのような記述がなされ，本書ができあがるまでのプロセスには，想像に余りあるものがある。

このような記述を可能にしたのは，「つながり」の内側からその内実を問うという著者の一貫した姿勢であり，「実感」に根差した知への飽くなき探求心であろう。「共感」とも「他者理解」とも異なる，「身体を介した世界や他者との『交わり』」や「『何でもない時間』を共有すること」（著者の言うところの「つながり」）は，現場においてはすでに支援の一環として実践されている。しかしそのような支援のあり方を説明することは至難の業である。本書には，「つながり」を活かした支援を実践している現場，そして現場で「実感」に根差した知へアプローチしようとしている，心理職をはじめとする多くの対人援助職を支えてくれる力が感じられる。

心理社会的支援の最近の動向からすると，著者の立場は，実感を伴った「つながり」の論点を身体的次元での他者との交流に求めている。そのため先行研究におけるナラティヴに関する論考はさらりと終えられている。しかし，著者の「私」への真摯な向き合い方，エピソードにおけるオープンな語り，そして常に読み手を意識した丁寧な論の運びには，ナラティヴ的な姿勢が体現されている。オープン・ダイアローグにおいて必須とされるリフレクティングにも通じる余白が感じられ，本書との対話によって読者の内的会話は大いに拡がるだろう。

また本書は博士論文の書籍化であり，問いの立て方や目的に合致した方法の選択など，通常一本の論文では言及されることが難しい質的研究のプロセスが惜しみなく示されている。内容面だけでなく形式面でもおさえておくことを薦めたい一冊である。

井上祐紀［著］
子どものこころ・発達を支える 親子面接の8ステップ
——安全感に根差した関係づくりのコツ

岩崎学術出版社・A5判並製
定価2,500円（税抜）
2019年11月刊

評者＝吉田三紀（市立吹田市民病院）

評者が所属する病院の心理臨床の現場には，さまざまな疾患とともに生きるクライエントが，それぞれの思いを抱えて来談する。そのなかで，医師やコメディカルと連携しながら，心理職が多くの親子面接も担当している。子どもが幼ければ幼いほど，親から受ける影響は大きいため，親との面接も子どもの発達に大きな影響を及ぼすことを考慮すると，親子面接に携わる際のスキルは必要不可欠なものである。

本書は，理論編，技術編，実践編に分かれており，医師が親子面接に携わる際のスキルが詳細に解説されている。まず，理論編では８つに分けて具体的な注意点を述べている。次に技術編では，診療過程を８ステップに分けた上で，さらにステップごとに診療場面を設定し，具体的な会話例を挙げ，詳細に解説している。そして，ステップごとに重要なポイントの到達確認のための自己評価用チェックリストが具体的にまとめられている。このポイントやテクニックについては，心理職，特に初心者の心理職が親子面接を担当する場合にも，十分応用できるものである。特に，評者が共感したのは，ステップ１「親子が治療者を敵ではないと思える」と，ステップ２「親子の健康な側面を把握する」である。それは，さまざまな体験から自信をなくし，傷つきを抱えながら，ここでは何を言われるのだろうか，“おかしい”と批判されるのではないかなど不安な気持ちと，自分たちにとって役に立つような情報や，救われるような体験，状況が少しでも好転するきっかけを得られるかもしれない，と期待も抱きつつ来談する親子も少なくないからである。

本書を通して，評者は著者が親子にどんな時も寄り添うスタンスで会っていると感じた。例えば，「親子がその健康的な側面を強化したいという思いを共有し，その健康な側面が脅かされているという視点から現在の問題を語ることができるよう，親子を促すことにつなげ，“守りたいものに気づかせる”ことが先である」（p.33）と指摘しているところからも垣間見られる。それは，クライエントの健康的な側面を見つけ，いかに支えるかに視点を置く評者の臨床での考え方に重なる。実践編では２つの事例をもとに，架空の若手精神科医と親子との診察場面での面接の様子が描かれている。さらに，その面接について若手精神科医が上級医へ技術編で紹介された８つのステップの自己評価用チェックリストに沿って，指導を受ける場面が描かれている。最も印象に残ったのは，上級医が「たった一回の診察ですべての項目を話題にできなくてもいい」こと，「『何を扱って，何を扱っていないのか』をはっきりさせておくこと」（p.167）の大切さについて述べたところである。これは心理臨床にも通じるのではないだろうか。

本書は若手の医師を想定して書かれたものだが，心理臨床家をはじめ，看護師やソーシャルワーカー，保健師など，さまざまな職種の支援者にもぜひ勧めたい一冊である。

藤岡淳子［編著］
治療共同体実践ガイド
――トラウマティックな共同体から回復の共同体へ

金剛出版・A5判並製
定価3,400円（税抜）
2019年10月刊

評者＝小林美智子（法務省法務総合研究所）

「治療共同体」と聞いて，何となく知ってはいるが，実際のところはよく分からないという印象をお持ちの方もいらっしゃるかもしれない。本書は，治療共同体による対人援助を実践してきた編著者らが，治療共同体の理念，歴史，方法，実践について，分かりやすくまとめたガイドである。編著者ら自身の実践的取り組みや体験談もふんだんに盛り込まれ，ページをめくりながらつい引き込まれてしまうような書になっている。

本書では，欧米でさまざまに発展してきたとされる治療共同体について，その中核的な理念や歴史が簡潔に整理して示され，治療共同体の大きな流れや構造を知ることができる。また，治療共同体でよく用いられるアプローチの方法や，治療共同体における「サークル」（対等で一人ひとりの存在自体が尊重される，互いに顔の見える関係）のつくり方，「トライアングル」（治療共同体における役割分担や責任）の在り方，スタッフの「デモンストレーター」としての役割といった，治療共同体における重要な要素が示され，治療共同体がどのようにつくられていくのか，治療共同体では何に価値が置かれているのかについて，その概要を理解することができる。

さらに，精神医療，司法，福祉といった領域における治療共同体，または治療共同体的アプローチについて，アディクション回復支援，トラウマインフォームド・ケア，児童心理治療施設，ひきこもり・若者支援，刑務所といったさまざまな場面における取り組みの実際が，それぞれの実践者から紹介される。対人援助に当たって，治療共同体という方法や考え方がどのように効果的なのか，どのように取り入れたり活用したりすることが可能なのかについて，その実例を見せ，さまざまな示唆を与えてくれる。

加えて注目すべきなのは，治療共同体の実践に関わっている編著者らの座談会や，刑務所内で治療共同体による処遇を体験した元受刑者のインタビュー，治療共同体プログラムを受けた性暴力被害者らの座談会などの記録が収められており，治療共同体とはどういうものなのかについて，まさに生の声が伝わってくることであろう。

私自身は主に司法・矯正領域で仕事をしており，これまでにも，編著者らの刑務所内における治療共同体の取り組みなどについて耳にする機会がしばしばあって，興味・関心を持ちながらも，その実際を直接的に知ることはなかなかできにくいという状況にあった。本書によって，編著者らがどのような思いで治療共同体の実践を進めてきたか，治療共同体を取り入れた処遇がどのように行われているか，その一端を垣間見ることができたように思う。

以前と比べると，司法・矯正領域でも，治療共同体という方法が注目されるようになってきたと感じられるが，もちろんそれ以外の領域の方々にとっても，治療共同体について，気軽に，しかし実践に裏づけられた厚みをもって理解するための一助となる書なので，ぜひお薦めしたい。

投稿規定

1. 投稿論文は，臨床心理学をはじめとする実践に関わる心理学の研究における独創的で未発表のものに限ります。基礎研究であっても臨床実践に関するものであれば投稿可能です。投稿に資格は問いません。他誌に掲載されたもの，投稿中のもの，あるいはホームページなどに収載および収載予定のものはご遠慮ください。
2. 論文は「原著論文」「理論・研究法論文」「系統的事例研究論文」「展望・レビュー論文」「資料論文」の各欄に掲載されます。「原著論文」「理論・研究法論文」「系統的事例研究論文」「展望・レビュー論文」は，原則として400字詰原稿用紙で40枚以内。「資料論文」は，20枚以内でお書きください。
3. 「原著論文」「系統的事例研究論文」「資料論文」の元となった研究は，投稿者の所属機関において倫理的承認を受け，それに基づいて研究が実施されたことを示すことが条件となります。本文においてお示しください。倫理審査に関わる委員会が所属機関にない場合，インフォームド・コンセントをはじめ，倫理的配慮について具体的に本文でお示しください。

★ 原著論文：新奇性，独創性があり，系統的な方法に基づいて実施された研究論文。問題と目的，方法，結果，考察，結論で構成される。質的研究，量的研究を問わない。
★ 理論・研究法論文：新たな臨床概念や介入法，訓練法，研究方法，論争となるトピックやテーマに関する論文。臨床事例や研究事例を提示する場合，例解が目的となり，事例の全容を示すことは必要とされない。見出しや構成や各論文によって異なるが，臨床的インプリケーションおよび研究への示唆の両方を含み，研究と実践を橋渡しするもので，着想の可能性およびその限界・課題点についても示す。
★ 系統的事例研究論文：著者の自験例の報告にとどまらず，方法の系統性と客観性，および事例の文脈について明確に示し，エビデンスとしての側面に着目した事例研究。以下の点について着目し，方法的工夫が求められる。
  ①事例を選択した根拠が明確に示されている。
  ②介入や支援の効果とプロセスに関して尺度を用いるなど，可能な限り客観的な指標を示す。
  ③臨床家の記憶だけでなく，録音録画媒体などのより客観的な記録をもとに面接内容の検討を行っている，また複数のデータ源（録音，尺度，インタビュー，描画，など）を用いる，複数の研究者がデータ分析に取り組む，などのトライアンギュレーションを用いる。
  ④データの分析において質的研究の手法などを取り入れ，その系統性を確保している。
  ⑤介入の方針と目的，アプローチ，ケースフォーミュレーション，治療関係の持ち方など，介入とその文脈について具体的に示されている。
  ⑥検討される理論・臨床概念が明確であり，先行研究のレビューがある。
  ⑦事例から得られた知見の転用可能性を示すため，事例の文脈を具体的に示す。
★ 展望・レビュー論文：テーマとする事柄に関して，幅広く系統的な先行研究のレビューに基づいて論を展開し，重要な研究領域や臨床的問題を具体的に示す。
★ 資料論文：新しい知見や提案，貴重な実践の報告などを含む。

4. 「原著論文」「理論または研究方法論に関する論文」「系統的事例研究論文」「展望・レビュー論文」には，日本語（400字以内）の論文要約を入れてください。また，英語の専門家の校閲を受けた英語の論文要約（180語以内）も必要です。「資料」に論文要約は必要ありません。
5. 原則として，ワードプロセッサーを使用し，原稿の冒頭に400字詰原稿用紙に換算した枚数を明記し，必ず頁番号をつけてください。
6. 著者は5人までとし，それ以上の場合，脚注のみの表記になります。
7. 論文の第1枚目に，論文の種類，表題，著者名，所属，キーワード（5個以内），英文表題，英文著者名，英文所属，英文キーワード，および連絡先を記載してください。
8. 新かなづかい，常用漢字を用いてください。数字は算用数字を使い，年号は西暦を用いること。
9. 外国の人名，地名などの固有名詞は，原則として原語を用いてください。
10. 本文中に文献を引用した場合は，「…（Bion, 1948）…」「…（河合，1998）…」のように記述してください。1）2）のような引用番号は付さないこと。
    2名の著者による文献の場合は，引用するごとに両著者の姓を記述してください。その際，日本語文献では「・」，欧文文献では‘&’で結ぶこと。
    3名以上の著者による文献の場合は，初出時に全著者の姓を記述してください。以降は筆頭著者の姓のみを書き，他の著者は，日本語文献では「他」，欧文文献では‘et al.’とすること。
11. 文献は規定枚数に含まれます。アルファベット順に表記してください。誌名は略称を用いず表記すること。文献の記載例については当社ホームページ（http://kongoshuppan.co.jp/）をご覧ください。
12. 図表は，1枚ごとに作成して，挿入箇所を本文に指定してください。図表類はその大きさを本文に換算して字数に算入してください。
13. 原稿の採否は，『臨床心理学』査読委員会が決定します。また受理後，編集方針により，加筆，削除を求めることがあります。
14. 図表，写真などでカラー印刷が必要な場合は，著者負担となります。
15. 印刷組み上がり頁数が10頁を超えるものは，印刷実費を著者に負担していただきます。
16. 日本語以外で書かれた論文は受け付けません。図表も日本語で作成してください。
17. 実践的研究を実施する際に，倫理事項を遵守されるよう希望します（詳細は当社ホームページ（http://www.kongoshuppan.co.jp/）をご覧ください）。
18. 掲載後，論文のPDFファイルをお送りします。紙媒体の別刷が必要な場合は有料とします。
19. 掲載論文を電子媒体等に転載する際の二次使用権については当社が保留させていただきます。
20. 論文は，金剛出版「臨床心理学」編集部宛に電子メールにて送付してください（rinshin@kongoshuppan.co.jp）。ご不明な点は編集部までお問い合わせください。

（2017年3月10日改訂）

編集後記 Editor's Postscript

数カ月前は世界がこれほどまでに大きく急変してしまうことを誰が予想していたのであろうか。世界が不安と恐怖に包まれ，今までの安心感が大きく揺らいでいる。あたかも感染者数の表示が，日本がまだ安全であることを保証してくれる唯一の拠り所のように感じたり，世界が破滅に向かうカウントダウンのように見えてくるほど，心が揺り動かされる毎日が続いている。

私たちが，必需品を求めてお店につめかけるとき，まさに不安が私たちの行動や思考を支配しているといえるかもしれない。「冷静な」判断を，という声かけのように，感情は私たちに適切な判断をすることを惑わせ，衝動的な行動に駆り立てることもある。もう一方で，このような不安と恐怖から，ほかの人とつながり，お互いを支え合おうという建設的な動きもさまざまなところで見られる。そこには，感情を欠いた冷淡な冷静さではなく，思いやりや熱意に満ちた意思があり，感情のポジティブな力がある。データを元に，どう行動すべきなのか，冷静さを取り戻すことを手伝うことも，私たちの仕事として重要であろう。それだけでなく，自分一人の努力が人々の生活を守るために役に立つのだとエンパワーすること，そして，孤独感，恐怖，不安を分かち合うことによって人とつながり，愛，思いやり，優しさなど，自分，そして他者のなかにある感情のリソースを賦活して，適切な行動へと向けることによって，より深い有意義さを体験できるようにすることが，私たち感情を専門とする臨床家の重要な仕事だろう。

さまざまなシンポジウム，研修，大会が中止になるなかで，本誌を通して読者がつながり，刺激になってくれることを願っている。そして，世界の人たちが感情を共有するこのときが，隔離とソーシャルディスタンシングから解放され，理解と意味のある協力へと発展することも願いたい。このような時期にもかかわらず，原稿執筆をお引き受けくださった皆様に感謝申し上げたい。また，本企画で感情の重要性だけでなく，その魅力を読者に伝えることを一緒に考えてくださった編集部の藤井裕二さんに感謝申し上げたい。　（岩壁 茂）

臨床心理学 第20巻第3号（通巻117号）

発行－2020年5月10日

定価（本体1,600円＋税）／年間購読料12,000円＋税（増刊含／送料不要）

発行所＝(株) 金剛出版／発行人＝立石正信／編集人＝藤井裕二

〒112-0005　東京都文京区水道1-5-16

Tel. 03-3815-6661／Fax. 03-3818-6848／振替口座 00120-6-34848

e-mail　rinshin@kongoshuppan.co.jp（編集）eigyo@kongoshuppan.co.jp（営業）

URL　http://www.kongoshuppan.co.jp/

装幀＝岩瀬 聡／印刷＝太平印刷社／製本＝井上製本

心理療法・カウンセリングに生かす認知療法
── 統合的認知療法の実際

東 斉彰 著　他学派の臨床家にこそ役に立つ、認知療法の考え方とその技法を紹介し、「認知に焦点づけて介入する」方法とその有用性について詳説する。認知療法の視点を、日々の臨床に取り入れることで、治療効果をさらに引き上げることが期待できる。■ 2400 円

ドナルド・ウィニコット
── その理論と臨床から影響と発展まで

マイケル・ジェイコブス 著 細澤 仁・筒井亮太 監訳　ドナルド・ウィニコットは世界的に最も著名な精神分析家のひとりでありながら、その治療は精神分析の枠を超え出るものだった。ウィニコットの概念と仕事、批判と反論、そして後世への影響を、平易に解説する。■ 3300 円

アルコール・薬物依存症を一から見直す

［科学的根拠に基づく依存症の理解と支援］
W.R.ミラー・K・M・キャロル 編著 森田展彰 監訳 佐藤明子 訳　アメリカの依存症についての科学的な新知見が、日本の依存症支援で「あたりまえ」となってしまっていることの根底を問い直し、効果的な支援を導く。■ 4000 円

実践 職場で使えるカウンセリング

［予防、解決からキャリア、コーチングまで］
諸富祥彦・小澤康司・大野萌子 編著　産業分野のカウンセラーに必要な知識と技法は、心理学から法律まで、この一冊で一通り学べる。第一線の著者たちにより平易に書き下ろされた初学者に最適の入門書にして決定版。■ 2300 円

LGBTQ＋の児童・生徒・学生への支援
── 教育現場をセーフ・ゾーンにするために

葛西真記子 編著　性の多様性に「対応したいが、どうしたらよいかわからない」という、学校に関わる心理援助職と教職員に、セクシュアル・マイノリティの児童生徒を受け入れるための知識と支援法を届け、学校を誰にとっても安全な場所にすることを目指す１冊。■ 2400 円

心理療法に先立つアセスメント・コンサルテーション入門

仙道由香 著　アセスメント・コンサルテーションとは、患者にとって最も役に立つことを、多様な要因を鑑みた上で見極め、相互コミュニケーションを経て、治療方針の合意に至るプロセスである。そのために心理療法家は、患者の何を観、何を聴いて、何を話し合うのか。そのプロセスを詳述。■ 2800 円

子どものトラウマ治療のための絵本シリーズ

えがおをわすれたジェーン

J・カプロー、D・ピンカス 作　B・シュピーゲル 絵　亀岡智美 訳
ジェーンが周囲のサポートによって最愛の父の死を乗り越える物語。愛する人の死別への対処法がわかる。■ 1700 円

親と離れて暮らす子どものための絵本シリーズ

モリスといっぱいのしんぱいごと

J・シーニー 作 R・フーラー 絵 鵜飼奈津子 訳 心配事を抱えたモグラのモリスが、信頼できる存在に悩みを打ち明け、心が楽になる姿を描いた本。不安への対処法が理解できる。■ 1700 円

親と離れて暮らす子どものための絵本シリーズ

エルファと思い出のはこ

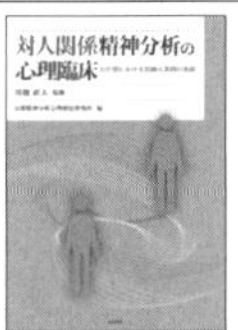

M・ベル 作 R・フーラー 絵 鵜飼奈津子 訳 養育者の交代や環境の変化で混乱しているゾウのエルファが、思い出を振り返り、自分のアイデンティティを確立していく物語。■ 1700 円

親と離れて暮らす子どものための絵本シリーズ

ルーファスのあんしんできるばしょ

J・シーニー 作 R・フーラー 絵 鵜飼奈津子 監訳 中澤鮎美 訳 ひどい飼い主のもとから新しい飼い主のところへやってきたネコのルーファスが、心から安らげる居場所を見つけるお話。■ 1700 円

対人関係精神分析の心理臨床

［わが国における訓練と実践の軌跡］ 川畑直人 監修 京都精神分析心理療法研究所 編 対人関係精神分析の、医療、教育、司法、産業、開業、災害支援の場での実践例、訓練課程を紹介。■ 3800 円

EMDR 標準プロトコル実践ガイドブック

［臨床家、スーパーバイザー、コンサルタントのために］
アンドリュー・リーズ 著　太田茂行・市井雅哉 監訳 日本初の EMDR 標準プロトコル完全訳がついに刊行。■ 8500 円

心理学でわかる発達障害「グレーゾーン」の子の保育

杉山 崇 著 発達障害グレーゾーンの子の「困った！」に対処する具体的な方法と知識を徹底伝授。適切な理解と対応で大人も子どもも楽になる。■ 1900 円

プロが教える共感的カウンセリングの面接術

古宮 昇 著 面接の枠組み、応答法、トレーニング法など、初心者が悩む点を重点的に解説。押さえておきたいカウンセリングの勘どころがつかめる。■ 2700 円

誠信書房 SEISHIN SHOBO　Tel 03-3946-5666　Fax 03-3945-8880　http://www.seishinshobo.co.jp/　@seishinshobo
〒 112-0012 東京都文京区大塚 3-20-6〔価格は税抜〕

協力出版のご案内

小社は 1968 年の創業以来, 1975 年には『季刊精神療法』（1991 年『精神療法』と改題), 2001 年には『臨床心理学』を創刊し, 精神医学, 臨床心理学, 精神保健福祉の専門誌・専門書・研究書を刊行して参りました。このたび学位論文, 研究論文, 記念論文集など, 日々の研究成果を世に問いたいと願うご希望にお応えするべく, 協力出版を承ることとなりました。詳細に関しましてはご相談をさせていただきたく存じますので, ご関心のある皆様におかれましては, ぜひ一度ご連絡をいただけますようお願い申し上げます。

❶ 教科書出版

大学および関連する研究機関における教科書採用を前提とした出版。

❷ 研究助成出版

日本学術振興会, 大学, 各種財団・団体による出版助成補助, ならびに著者個人による出版費用補助を前提とした出版。

❸ 学会誌制作

進捗管理・編集・校正・印刷など, 学会誌刊行までの出版業務。

⊙ お問い合わせ先――――金剛出版出版部（Tel 03-3815-6661 / E-mail pub@kongoshuppan.co.jp）

〒112-0005 東京都文京区水道1-5-16 URL : http://kongoshuppan.co.jp
Tel : 03-3815-6661 Fax : 03-3818-6848 E-Mail : kongo@kongoshuppan.co.jp